KB264729

어느 외진 곳,
평범한 시민들이 사는 곳의 평범한 동네 한복판에 둥지를 튼
한 변호사의 이야기입니다.
동네변호사 조들호의 이야기로 여러분을 초대합니다.

모두가 등을 돌릴 때, 얼굴을 바라봐 주는 사람

동네변호사 조들호

1

해츨링 글 · 그림

사람in

법정대리인

그
망할 새끼
이름도
꺼내지
말어!!

이노무 자슥!
술 먹고 곱게
처자든가!

아…네…

왜 술 처먹고 계단에
오줌을 싸고 지랄이여!!!

네, 어르신.

이 늙은이가 무슨
힘이 있다구 그걸
치우느…

가만

색시,
누굴 찾는다고?

조들호 변호사님 사무실을 찾는데요.
뚜벅
뚜벅
대방출
호

뚜벅
뚜벅
뚜벅
?
뚜벅

뚜벅
뚜벅
아저씨, 스톱. 멈추라고. 아~씨 진짜
어이, 아저씨 스톱. 뭐야? 사채 쓰러 왔어?
스윽
한국말 못 알아 …어?

어? 잠깐만 서…설마.
어떻게 여길…
꾸욱
뜨거
쿠당탕
어구구구…
야.
척

네 눈에는 내가 사채
쓰러 온 것처럼 보이냐?

뭐가 이리
시끄러워?
제가 나가
볼까요, 형님?
쿵

?
?

어이, 임신웅 씨
되시죠?
…응?
……

아이고 힘들다.
뭔 놈의 계단이…
물이나 한 잔 주쇼.
털썩

누구…

나?
!!!!!!!
!!!!!!!
…에 있다가
서울 중앙지부
강력계 검사
?
?
변호사로
개업한,
조들호라고
합니다.

……
……

야, 너 옆방에
애들 좀 불러라.
네, 형님.

누구야!!!!!
빼꼼…

!!!!!

아가씨 뭐야? 엉?
……

쪼끄만 아가씨가
겁도 없이…
사채 쓰러 왔어?

혹시 게
생기신 분
오지 않았나요?
……

안으로
드시지요.
감사합니다.
꾸벅

……

……

그래, 변호사 양반.
툭 썩

뭐 할 얘기
있으면 해 보슈.

그…아실 겁니다.
석다은 할머니라고…

원래 석다은 할머니가
일주일 전에 나가야 하는데
전세 보증금을 못 받아서
못 나가시는 거 아시죠?

아니 이 할멈이 노망이 났나?

지난달에 돈 줬는데 뭔 소리를 하는 거야?

에이, 선생님. 700만 원 중에 400만원만 주셨잖아요? 300 가지고 이러지 맙시다.

이 할망구가 돈이 썩는구만? 누가 떼먹는다고 변호사까지 불러서 이 지랄이야?

하 하
무릎 꿇고 빌어 봐라. 혹시 아냐? 줄지?
하 하하

......

혹시 주택임대차보호법 이라고 들어 보셨습니까?

세입자 보호를 위해
만들어진 법인데,

이런 식으로 가다간 그쪽
상가건물 경매로 넘어
갈 수도 있습니다.

너 이 시키…
지금 나 협박하냐?

아니요, 그럴 리가요.
그냥 법이 그렇단 겁니다.

제가 알기로는 수입
대부분이 월세 전세
이런 것들이던데…

뭐 가진 재산이 다른거면
모르겠지만 이걸 어쩌나…
부동산 이건 어디 짱박아
둘 수도 없고…

경매 넘어가서 임대료
못 받으면 이 친구들
봉급은 어떻게 하실런지
걱정이 돼서 그러는 거죠.

집구석에
빨간딱지 붙어 봐야
정신 차릴래요?

웅성

웅성

웅성

혀…형님…

왜?

그… 정말입니까?
경매 넘어갈 수도
있다는 말이…

형님…저… 올해 말까진 적금 넣어야 되는데 말입니다.
형님, 제가 아직 그거 자동차 할부도 못 갚았고 말입니다.
형님, 저희 사정 아시잖습니까? 헤헤헤…
형님 꼭 그렇게까지 해야 합니까? 그냥 돈 줘 버리죠.
에이~형님.
형님, 괜히 법원 갔다오면 좋을게 뭐 있습니까? 여기서 끝내시지 말입니다.
마전에 어머니가 병원 는데 말입니다.
형님 솔직히 300 그거 술 한잔 안 마시면 되는 거 아닙니까? 헤헤헤…
형님, 요즘 둘째놈 기저귀 값이 말입니다.
형님 그냥 통 크게 가시지 말입니다.
300만 원 먹고 떨어지라고 하시지 말입니다. 형님

아가리 다물어, 새끼들아!

요즘 공무원들이 얼마나 근면 성실한지 압류행정 같은 건 뭐 거의 순식
오케이! 스톱!

알겠어, 알겠다구…
……

그래… 얼마를 달라구?

제 수임료 포함해서 340만 원입니다.
!!!

야! 내가 왜 니 일당까지 챙겨 줘야 하는데!!
임신웅 씨, 임신웅 씨.

사실 제가 이거 말고도 드릴 말씀이 아주 많아요…
스윽

계약서
석다은 할머니의 구체적 피해사항
-보증금 미지급 및 기타 계약 위반사례
며칠 전 석다은 할머니 집에 무단으로 침입한 것, 부대시설 수리에 대해서 계약 위반한 것, TV나 전기 시설 마음대로 끊어 버린 것,

기타 다른 월세에서 보증금 미환급은 기본이며, 지급 연체, 일부러 상하수도 시설 고장내서 수리비 받아 먹은 거 하며, 이런 거 줄줄이 따지고 보면 경찰서 한 번으로 끝날 게 아니라 소액 민사재판까지… 어휴…
나도 나쁜 놈이지만… 진짜 나쁜 놈…
지 혼자 얼마나 해 처먹었는지…
우리 몰래 많이도 해 먹었네, 새끼…

……

그래서 나한테 어쩌라고…

어쩌긴 뭘 어째요,
척

돈 내놓으라고.
끼익
쉐끼들 말이야…
기왕 줄 거면
곱게 줄 것이지…

응?
……
……

안녕하세요!
이번에 인턴 지원한
'황이라' 입니다!

……
아!

사무실도 잠겼고 전화도
안 받으셔서 여기로
찾아왔습니다.
……
아이고 이런.

그나저나,
희태야!
네, 넵
조 검사님.

임마, 나 이제
검사 아니야.
에헤헤…
검사님도 참…

임마, 우리 다시
만날 때 이런 곳에서
보기로 했냐?
아…아니요…

정신 차려라.
너 열일곱 아니야.
스무살 어른이라고.
……
……

황이라 씨. 가시죠.
네, 넵!
후다닥

……
……

뭐, 일단 여기가
내 사무실이고…

일단 소파에
좀 앉지.
저기 앉으란
말인가….
일단 뭐
마실 거라도…
……

그래, 이 변호사가 보내서 왔고… 대학교 4학년 휴학 중?
그래 뭐…이 변호사가 보냈다고 하니…
……
네.

근데 왜 여기지?
네?

보다시피 내 꼴이 이래. 돈도 못 벌어. 소문도 안 좋은 거 알고 있지?

무엇보다 수임이 없어. 맨날 뭐 믿어라, 뭐 가입해라 하는 사람밖에 안 와.

황이라 씨도 경험 쌓고 싶어서 인턴하려는 거 아니야? 아니 근데 일이 없는데 무슨 실무를 하나? 안 그래?

누구쇼?

그러니깐 괜히 여기서 시간 낭비하지 말고 그냥 딴 데 알아보는 게…
엥?
?
똑 똑

…저기,

…여기가 변호사 사무실 맞나요?

문 앞에 써 있잖아.
생활법률상담
변호사 조들호라고.
아…그렇구나…
다름이 아니라…

아, 됐으니까 담에 오쇼!
지금 바쁜 거 안 보여요?
봤지?
손님 없다니깐.

저기…
제가 법률 상담을
받으러 왔는데요.
!!!!!

아, 죄송합니다.
제가 착각을…
이쪽으로 와서
좀 앉으…

엥?

제가 학교 조퇴하고
온 건데요…
빨리 되나요?

선생님! 우리 엄마 어떻게 된 거예요?!!
깨어난다고 한지 삼일이나 지났잖아요!
아, 글쎄 경과를 지켜보자고 했잖아.
그러니까 무슨 경과를 말씀 하시는 거예요?
어허, 글쎄 이거 놓고 말해요, 학생. 말한다고 뭘 알아?
수술은 잘됐어요. 병원에선 실수 한 게 없어.
그래서… 좀 더 시간이 지나면 차차 상태가…
야… 이 새끼야.
……

우리 엄마 나흘째 의식이 없다고!
수술 잘 끝났다면서
왜 의식이 없어!!!!!!
어이쿠!! 의사 잡네.
다들 봤지? 봤지?
먼저 멱살 잡는 거
봤지?!!
보호자 분, 이러시면
안 돼요.
…그래, 어머니가 수술을 받고
그런 사고가 났는데,
이제, 병원 측의 과실이라는 게
확실한 소견서도 있고,
물 한 잔
드세요.
감사합니다.
아니에요.
적법한 보상을
받고 싶단 말이지.
네.

……

물어보기 뭐 한데…
왜 아버지가 안 오셨니?

…몇 년 전에
사고로 돌아가셨어요.

그렇군. 뭐… 음…
생각보다 어려운
일은 아니야.

그렇구나…
그렇다면
그… 법정대리인은
주로 친척이 되나요?
보통 그렇지.
빨리 친척 분께
연락을 드려서,
우선 미성년자는 소송을
할 수가 없어. 그래서 보통
가까운 사람을 법정대리인으로
세워서 소송을 하지.

안 돼요.
응?

그 사람들은
절대 안 돼요.

아니, 그래도 친척이라면
일단 전화라도…
안 된다구요.

아빠 돌아가셨을 때도
보험금 빼돌리려 했던
사람들이라구요.
절대 안 돼요.

그렇군…그럼 일단
어머니 계신 병원에
같이 가 봐도 될까?

황이라 씨도
나오세요.
저도요?

인턴하러 온 거
아니었어요?
네! 넵!
알겠습니다!

안 그래도 병원을
옮기려고 했거든요.
그래?
승현아!
!
선생님?
?
?
선생님 오셨어요?
응. 오늘
일찍 마쳤잖아.
아, 여긴 오늘 만나 뵌
변호사님이세요.
안녕하세요.

변호사 조들호라고
합니다.

승현이 담임
최하얀입니다.

그래, 합의는 잘 된
모양이구나.

합의요?

어? 몰랐니?

방금 너희 고모분께서 오셔서 합의가
잘됐다고 병실로 들어가셨는데?

!!!

네?

?

흐헉

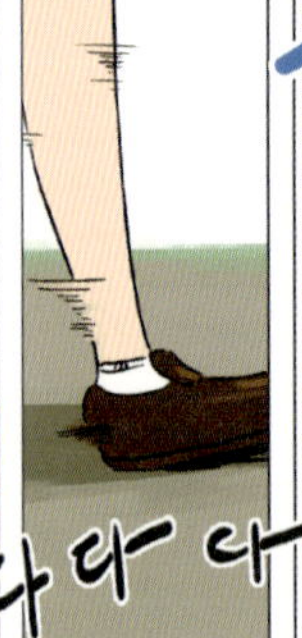
타 타 타

쾅

유언서

아,
스… 승현아.
유언서

아이고,
우리 조카, 그래…
얼마나 놀랐니?
왜 연락을 안 했니?
고모도 얼마나
놀랐던지 몰라.
……
……

밥은 먹고 다니니?
이제 고모가 왔으니까
아무런 걱정말고
안심하고 있어.
이것 봐!
당신 누구야?
뭐 하는 사람이야?!
…….
이봐! 이봐!
뭐 하는 거야?!
바앙스이당
(반갑습니다.)

승현이 법률 상담을 맡은
변호사 조들호라고 합니다.
꿀꺽
벼… 변호사래.
잠깐만 있어 봐.
내가 알아서
처리할게.

어이 잠깐만,
당신 변호사면
다야? 앙?

다다 어쩔래?
어쭈구리

....

뻑 큐
....

댁들이 누구든 간에 승현이 가족 재산에 대해서 이래라 저래라 할 권리가 없어.

그리고 이렇게 밀실에서 합의 같은 거 해 봤자 무용지물이라고.
......
덩치값을 해라.

그리고 의사 양반, 이런 식의 합의는 의료법 제…
………
……
하여튼 법에 걸려요. 예?
………

우리가 친척인데 왜 변호사가 이래라 저래라 하는 겁니까?! 무슨 법이 이래요?

무슨 법이 원래 이래요. 정 못 믿겠으면 변호사 찾아가서 물어보시든가.

승현이 너 이런식으로 나온다 이거지? 남은 피붙이한테 이런 식으로 나오는 게 어딨어? 경우에 안 맞게 말이야!!
정말 실망이다! 너희 가족 도울 사람이 누구라고 생각해?!!!

그리고 변호사 양반,
그래 어디
법대로 해보자고!
법대로!
…………

그런 줄 몰랐어요.
전 그냥 친척이라고…

승현이가 맘고생 심했겠구나
선생님은 그런 줄도 모르고…
아니에요.

그래도 챙겨 주시는 분은
선생님 밖에 없어요.
작년에 엄마 쓰러졌을 때
선생님이 도와주시고.

아니야, 선생님이 못 챙겨 줘서 미안해.
아니에요.
…………
쪽쪽

둘… 사이가 단순히 선생님과 제자 사이는 아닌가 보구나.

네, 작년부터 담임 선생님이세요. 저한테 굉장히 잘해 주시고…
아니야. 내가 잘해 주긴…

작년에도 엄마 쓰러졌을 때 입원비도 내주시고, 매일 병문안도 와 주시고.
그럴 수가..

……

…승현이
니가 올해 몇 살이지?
생일이 언제니?

저요? 94년 1월 20일요.
내년에 스무살인데요.

내년이라면
제가 뭔가를 할 수
있을 텐데 말이죠.

결국…
제가 할 수 있는 건
아무것도 없는 건가요?

……

보자…
지금이 9월이니까
9월, 10월, 11월, 12월…

……．
？
선생님.
네.

내년까지 승현이를
부탁해도 될까요?
네?

서울가정법원

네, 일단…

어머님 일은
저도 유감이구요,

어머니께서 금치산자가
되셨는데 무슨 말인지
알고 있나요?

네, 대강은…
어…그러니까 몸이나 정신에
이상이 있어서
도저히 정상적인 생활을
못하게 되었을 때,

어떤 불이익을 당하지 않게
보호하려는 거 아닌가요?

네, 맞아요. 그리고 또 금치산자는 미성년자의 법정대리인 역할을 할 수 없습니다.
음…
그래서 이 자리는,

도승현 양의 법정후견인을 변경하기 위해 승현 양의 이야기를 들어 보는 자리입니다.

솔직히 조금 놀랐어요. 아직 고등학생인데,
(미성년자)
1995년 1월 16일생
등록기준지   서울시 노
주소   OO시 OO구 O
전화   541 - xxxx
견인 선임심판 청구
청 구 취 지
사건본인의 후견인으로 서울시 도봉구 창동 2동 희:
이런 문제를 차분히 잘 대응했다는 게.

도승현 씨는 내년 1월이면 성인이 됩니다.
비록 고등학생 신분이지만 성인과 동등한 판단을 내릴 수 있는 나이임을 기억해 주시기 바랍니다.

음…그러니까 승현 양의 주장은 어머니께서 금치산자가 되면 후견인이 선정되어야 하는데…
승현 양의 고모가 아닌 담임 선생님이 후견인이 되었으면 좋겠다는 말이지요?

……
황이라 씨!
?
아직 안 끝났나요?
Totcom
아, 선생님.

네, 아직까지
법정 안에 있어요.

그렇구나…

Totcom

승현이 같은 경우면
후견인을 두는 순서가
따로 있나요?

웅…그러니까…

근데 제가 후견인…
그거에 대해서
질문이 있는데요.

Totcom

뭔데요?

일단 법으로는
그래요. 하지만…

물론 법적으로는
부와 모의 혈족 중
가장 가까운 친척이
우선이지만…

하지만 후견인의 선정은 피후견인의 복리를 위해 결정되어야 하는 것이라고 생각합니다.

그렇군요. 그럼 이번 소송이 끝나면 승현이도…
?
Telcom

아, 이건 소송이 아니라 비송이에요.
네?
Telcom

소송이란 건
서로 대립하는 사건에서
누군가의 손을 들어 주는 건데,

비송은 대립하는
사건이 아니에요.
어떻게 오셨어요?
아까 걔 어딨어요?

미성년자의 후견인 선정, 개인회생,
개명신청 같은 건 '비송사건'이라고
원고와 피고가 대립하는 것이 아니라,
파산

국가에서 법적인 결정을
내려 주는 행정적인 거죠.

그런 게 있는 줄
몰랐어요.
아, 쓰담쓰담
하고 싶다…
똘망
똘망
헤헷

개정중
끼익

선생님!
선생님.
안녕하세요.
심문은 어떻게 잘 끝났나요? 어떻게 됐나요?
네, 뭐…당장 결과가 나오는 건 아니지만,
일단 승현이가 답변을 잘해 줘서 잘 끝났습니다.
아, 그리고 이건 선생님도 아셔야 할 것 같은데요.
네? 무슨 일이라도…
아마 다음 심문 때는 선생님하고 승현이 고모도 같이 나와야 할 것 같습니다.
네? 저도 나와야 하는 건가요?
일단 뭐… 법원에서도 후견인 변경대상자 얘기도 필요하니까…

네, 저도 도울 수 있는 게 있다면 끝까지 도울게요.
와! 우리 그럼 단합하는 의미에서 점심 같이 먹어요!
와! 좋아요!
황이라 씨…
제가 살게요. 뭐 드시고 싶으세요?
그럼…아무래도 점심은 얼큰한 파스타요!
저도 파스타!
아, 나도 파스타 하려고 했는데!
변호사님도 파스타 좋아하세요?
아… 네… 저도 그따위 음식 잘 먹습니다.

네, 일단 그때까지 드리면 되나요? 양식은 어디에 있나요?
쿵
쿵
사모님! 일단 저랑 이야기를 하시고요!!
?
?
?
으르륵
네, 그럼 또 일 있으면 연락 주세요.
나와! 최하얀 선생 나오라고!!!
누구…?
쩍 억
콱

까약!!
퀴당
댁들 일 아니니 상관 마슈. 어이, 거기 뭘 똑바로 쳐다봐?
으…
이년이!! 니가 그러고도 선생이야?!
사모님, 제발 고정하세요.
선생이라는 년이 학생을 꼬드겨서-
진정하시고요…
법정에 서게 해?!
최 선생, 최 선생 괜찮아요?!!!
이년아! 내가 승현이 고모야! 내가 두 눈 시퍼렇게 뜨고 살아 있는데 니 맘대로 하게 내가 내버려 둘 것 같아?!!
웅성
웅성
야, 수학이 사고쳤나 봐
야, 뭐야?
헐..대박
학생들 보기에 부끄럽지도 않아?!

보험금이 그렇게 탐이 났나 보지? 흥!!!
네, 일단 저랑 이야기 하시죠.
일단 일어나 보세요.
웅성
웅성
최 선생 최 선생.
교장실
학교 위신을 떨어뜨리고 소란스럽게 한 게 잘못이죠!
아, 글쎄 후견인이고 뭐고 간에!!!
그리고 왜 선생이 법적인 문제까지 책임지려 합니까?!
잘못되면 나중에 누가 책임 지는지 알고나 나서는 거예요?!

그래도…승현이가 믿고 부탁을 했는데…
시끄러워요!

수학 선생이면 분수를 알아야지. 선생 주제에 애들이나 얌전히 가르치면 얼마나 좋아.
……

우리수학
저 역시 이것 말고는…
하지만 당사자는 아니니까…

그래도 이게 제일 중요한 포인트네요. 애초에 미성년자의 법적대리인에게 벌인 사건이니까…

어쨌건 황이라 씨, 학부생 치고는 감각이 있는데?
끼이익

아, 다들 계셨군요.
늦었지만…
말씀 좀 나눌 수
있을까요?
?
?
아, 선생님!!
아, 선생님
어쩐 일로!!!
네, 밤늦게
죄송합니다.
미리 연락도
없이.
아니에요.
앉으세요.
술 냄새가…어디서
한잔하고 오셨나?
네, 오다가 보니까
사무실에 불도 켜져 있고
그래서… 그냥…
툴썩
…………
…선생님
혹시…
오늘 승현이
고모 만나셨나요?
아, 그걸
어떻게…

뭐… 이 짓도 오래 하면 감이 오는 게 있기 마련이죠.

……
보아하니 곱게 만난 건 아닌 것 같네요.

그거야 아직 아무도 장담 못하죠.
변호사님 그거 후견인심사… 잘될까요?

그냥 저는…승현이에게 왜 이런 일이 생기는 건지 잘 모르겠어요.
!

선생님 힘내세요
다 잘될 거예요!
고마워요.
정말 고마워요.

!

…?

!!!!!!

?
?

용

기

아, 아,

글쎄요.
저도 승현이에게 왜
그런 일이 생겼는지…

하지만 적어도 우리가
할 수 있는 일이 뭔지는
생각을 해 봐야겠지요.

제가 훌륭한 의사라면
승현이 어머니가
깨어나도록 하겠지만,

적어도 법이라는 테두리 내에서
2차적인 피해는 막아 보려고 해요.

선생님도 그렇고…
우리가 상황을 더
나아지게 만들 수는
없겠지만…

우리가 할 수 있는 최선으로
승현이를 도울 수는 있겠지요.

선생님 잘될까요?
너무 걱정하지 마.
그냥 불안해서요.
괜찮아, 괜찮아.
너무 그렇게 걱정할 건 없습니다.
!
법의 추세도 실질적인 복리쪽으로 바뀌고 있으니까요.
여기 다들 모여 있었구만.
!
!
!

살다살다 남의 조카를 뺏어가는 경우는 처음 보는구만.
그쪽이야말로 우리 가족 재산을 뺏어가려는 거잖아!
스…승현아.
도대체 그게 어디서 배워 먹은 말버릇이야!!
고정하세요.
후견인 변경 심문 대상자들 맞으시죠?
곧 개정하니까 입장해 주세요.
그리고 비공개 심문이기 때문에 관계되지 않으신 분들은 들어갈 수 없습니다.
조금만 기다려.
황이라 씨 일단 좀 기다리고 있어요.

………
………
?
네..그러면 지금부터,
사건번호 2012느 단 369 도승현 양의 후견인 변경에 대한 심문을 시작하겠습니다.
우선 주민등록증 확인을 하겠습니다.
재판장님 이건 정말 말도 안 되는 일입니다.
고모인 제가 멀쩡히 살아 있는데 이런 미풍양속을 해치는!!
헉…저기…
벌떡

누가 법정에서
소리 지르라 했나요?

소리 지르러 오셨나요?
앉으세요!

네? 아…저기…

……

발언 기회 충분히 드립니다.
소리 지르거나 하지 마시고
앉아서 말씀하세요.

할 말이
많으신가 보군요.
도계향 씨 먼저
질문 드리겠습니다.

일단 도승현 양의 주장은
고모와 함께 살기 싫다, 즉 후견인으로 고모가
선정되지 않았으면 좋겠다는 것입니다.
하실 말씀 있나요?

네, 그건 정말 뭔가
오해가 있는 겁니다.
우리 승현이가 아직 어려서
그런 것 같아요.

……

무엇보다 책임은 다 저 담임 선생한테 있습니다.
분명히 보험금 같은 걸 노리고 꼬드겼을 겁니다.
!!!!!!
......
참아.
아무튼… 이건… 유일하게 의지할 수 있는 고모와의 관계를 끊으려고 하는 겁니다.
하지만 도승현 양의 가족과 도계향 씨는 사이가 좋지 않았습니다.
2년 전 도승현 양의 아버지 도성환씨가 산재로 사망 후, 도계향 씨는 보험금의 일부를 자신에게도 지급하라고 제소한 적이 있습니다.
재판장님.
말씀하세요.
그렇군요.
하지만 그 소송은 오해로 인한 겁니다.

원만한 합의로
제소한 뒤 하루만에
*소취 되었으며,
더구나 민법 제937조의
법정대리인 결격사유 중
하나는 '당사자에게 소송을
제기한 자' 이지 당사자의 부모
에게라는 조항은 없습니다.
*소취-소송을 취하 함.
어이가 없군요.
그럼 미성년자인 도승현 씨에게
소송을 안 걸고 그 부모에게
소송을 걸었기 때문에
결격사유가 아니란 말인가요?
조들호 변호사!
아직 상대 측 발언이
끝나지 않았습니다!
자중해 주세요!
…죄송합니다.
조 변호사,
발언하세요.

하지만, 도계향 씨가 도승현의 모 임정임 씨에게 걸었던 소송은 이천만 원을 배상하라는 것이었습니다. 오해라고 하기에는 너무 큰 액수입니다.

어떻게 된 일이죠?

2009년 10월 도승현 씨의 부 도성환 씨는 주택 수리를 위해 도계향 씨에게 사적으로 900만 원을 빌렸습니다.

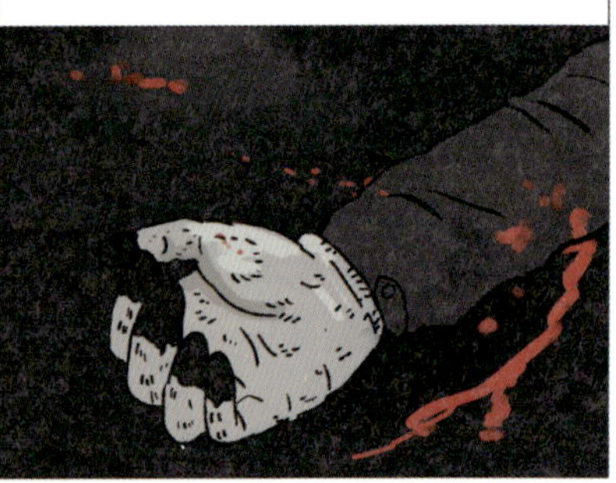

4개월 후 이자와 함께 1200만 원을 갚기로 했지만 3개월 뒤 산재로 사망하였고,

도성환 씨의 장례를 치르느라 이자와 원금을 갚는 날짜를 놓치게 되자 도계향 씨는 임정임 씨를 상대로 소송을 걸었습니다.

도승현 양 자세히 말씀해 주시겠어요?
네, 하지만 엄마는… 친척들끼리 법원에 가는 게 도리가 아니라고,

원하는 만큼 줄 테니
소송 같은 거 취소하라며…
아가씨, 이 돈
줄 테니깐 소송 같은 거
그만두고요.

그냥 앞으로
얼굴 보지 말고 살자고
말씀하셨어요.

그렇군요. 그리고 입원비
지급에 대해서 물어보고 싶은데요.
최하얀 씨, 그때의 경위를
자세히 말씀해 주세요.

네, 그러니까… 작년 학기 초
학부모 면담 중에 어머니께서 갑자기
쓰러지셨어요. 그래서 119를 불렀고,

같이 병원으로 갔는데 당장 입원을
해야 한다고 해서 일단 제가 카드로
입원비를 지급했습니다.
과
퇴원/외래

그리고 최하얀 씨는
임정임 씨의 퇴원까지
27일 간 매일 병문안을
갔습니다.

그건 입증할 수 있는게 아니죠.
제출한 면회기록부를 보시기 바랍니다.
……
당시 입원했던 병원에선 신경외과 병동의 환자들은 의무적으로 면회기록부를 작성하도록 했습니다.
고마워요.
피후견 대상자인 도승현 씨가 신뢰를 가지고 의지할 수 있는 대상자는,
바로 최하얀 씨라는 것을 기억해 주시기 바랍니다.
하지만 단순히 병원비를 대신 냈다고 보호자 역할을 할 수 있는 것이 아닙니다.

최하얀 씨 가 과연 미성년자인 도승현 학생을 어떻게 돌볼 수 있을지 걱정스럽습니다.
하지만 재판장님. 지금은 도승현 씨의 법적인 후견인을 정해 주는 시간입니다.
이제 곧 성인이 되는 도승현 씨에게 부모보다는 차후 법적인 활동을 돕는 최소의 역할이 필요합니다.
그러니까 이렇게 중요한 일을 친척 아닌 다른 사람에게 맡기겠다는 게 말이 돼?
헉…저…저기…
거짓말하지 말아요! 재산이 탐나는 것 뿐이잖아!!
양쪽 다 시끄러워요!
하하… 승…승현아.
쾅

분명히 말씀드렸을 텐데요?
여긴 두 분 싸움하는 곳이 아니라고!
일단 양쪽 다 차분해질
필요가 있는 것 같네요.
이십분 후 다시 심문
계속하도록 하겠습니다.
…죄송해요.
괜찮아.

What
do
want

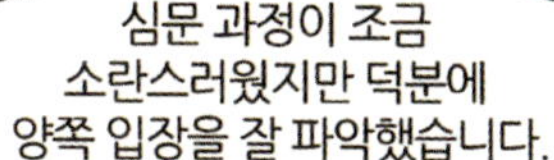

심문 과정이 조금 소란스러웠지만 덕분에 양쪽 입장을 잘 파악했습니다.

마지막으로 하실 말씀 있으시면 듣고, 심문을 마치겠습니다. 도계향 씨?

아, 네 저는 어쩌다가 이런 지경까지 왔는지 정말 모르겠네요.

제가 승현이 고모입니다. 승현이의 유일한 피붙이, 친척입니다.

지금 이렇게까지 온 것도 승현이가 갑자기 힘들고 어려운 일을 겪어서 심적으로 복잡해져서 그런 것 같습니다.
......

제가 덧붙여서 말씀드리겠습니다.
말씀하세요.

도승현 양의 고모 되시는 도계향 씨는 법적으로 가장 우선순위입니다.

또한 법에 의한 결격사유 역시 없음으로,

법이 정하고 있는 범위 내에서 도계향 씨가 도승현 양의 후견인이 되어야 하는 것은 당연한 일이라고 생각을 합니다.

네, 잘 들었습니다. 그러면 역시 마지막으로,

도승현 양, 최하얀 씨는 따로 하실 말씀 없나요?
네?

……
……

……

네, 제가 대신
답변을 하겠습니다.

이 심문은
어디까지나,

도승현 씨의 후견인을
선정하기 위한
자리입니다.

또 도승현 씨는 현재
법적으로 미성년자이지만,
불과 5개월 후면
성년이 됩니다.

법정후견인은
권리가 아닙니다.

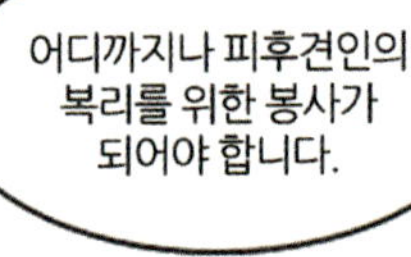

어디까지나 피후견인의
복리를 위한 봉사가
되어야 합니다.

지금 도승현 씨는
법정후견인이 필요한
것이지, 부모가 필요한
것이 아닙니다.

따라서 도승현 씨의
주장은 적극적으로
반영되어야 합니다.

네, 잘 들었구요.
제가 최하얀 씨에게
물어볼 게 있는데요.
네?

가령… 도승현 양의 법적대리인이 된다고 가정합시다.
향후 승현 양의 어머니에 대해 소송을 진행하게 되었을 때 잘못될 수도 있다는 걸 알고 있나요?

무슨 뜻이냐 하면, 자칫하다간 역으로 최하얀 씨가 소송을 당할 수도 있다는 말이죠.
……

그렇다면 제가 책임을 져야겠죠.

잘 알겠습니다.

일단은 이것으로
심문을 마치도록
하겠습니다.

생활법률상담
조풀오

Craft man

변호사님, 지금쯤
판결문이 나오겠죠?
……
Craft man

그러게요. 슬슬
나올 때가 됐는데…

척
안녕하세요.

아, 승현아!
선생님!! 어서 오세요.

아, 오셨군요.
벌떡

아… 혹시 그건…
판결문인가요?

어떻게
나왔어요?
……
열어 보셨어요?

본 사건은 도승현의 단독친권자인
모 임정임이 의료사고로 인하여
금치산 선고를 받음으로써
후견개시사유가 발생하였다.

…법정후견인이 될 수 있는 요건으로 보았을 때
도승현의 방계혈족의 3촌 이내의 고모인
도계향이 되어야 하나 피후견인이 될 도승현이
본인의 담임 교사 최하얀을 후견인으로
지정해 줄 것을 요청하였다.

과거 도계향과 진행하였던
소송의 내용으로 보아
도계향이
도승현과 임정임의
재산의 온전성을
해할 우려도 있으며…
도계향의 후견인 지정은
타당하지 않은 것으로
판단된다.

…최하얀은 도승현을 대신하여 병원비를 지불하는 등 평소에
교사 이상의 정을 주었던 바 아동복지법 제13조를 참조하여
피후견인 도승현의 의견을 참조하여 최하얀을 후견인으로
지정하고자 한다.

판사 우제균

EPISODE 2

청소년보호법 3장 26조

뭇시엘
와
우
…판트시…
축킨타……
와
와

두
네! 경기 시작되었습니다!!!
둥

네, 미국의 케빈 선수.
남쪽 맵을 탐색하고 있네요.
네, 우선 맵을 탐색하고
신도들을 모아야겠죠?
스토커를 선택한
아이디 alohim0909 선수
북쪽 맵을 탐색 중이고요.
Sattlite
of
ID:Alohim0
O:KE
ID:KEKEV
Item   Stat
? ? ?
? ? ?

와
오히려 닉네임
'무혈사신'으로
더 유명한 선수죠?
네, 일단 두 선수…
뭐 말씀드릴 필요가 없는
그런 선수들 아닙니까?
계급장 떼고 붙자!
Sattlite
of
Savior
ID:Alohim0909
ID:KEKEV
축빈타!
그렇죠. 한쪽은 양지에서
한쪽은 음지에서
최고의 선수들이죠.
탁 탁

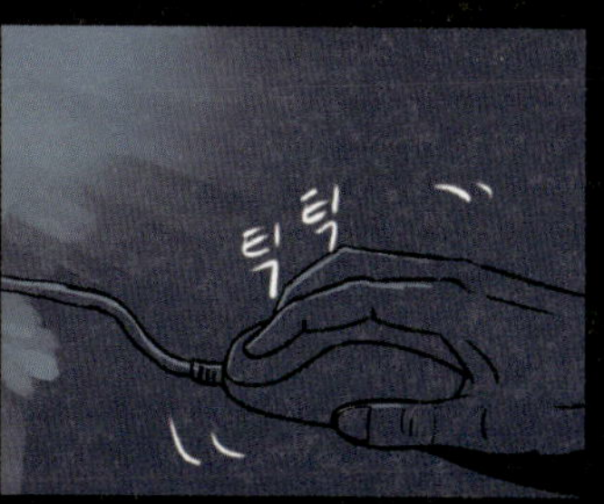
틱 틱

이제 구원자들이 성도를 모으고 자원을 캐기 시작합니다.
사상 초유의 소셜 이벤트! '계급장 떼고 붙자!' 중간에 시청하시는 분들을 위해 이 이벤트가 어떻게 열리게 된 건지 설명을 좀 해 주시죠.
네, 시작은 한국에서 열린 유니버셜 이게임 리그 (universial E-game league) 줄여서 '유엘(UEL)'에서 시작이 된 건데요.
Sattlite of Savi
:KEKE 9
네, 이곳에 모인 오백여 명의 팬들. 상당히 늦은 시간이지만 여전히 경기를 지켜보고 있습니다.
사실 유엘에서도 가장 주목을 받은 게임은 지금 보고 계신 세틀라이트 오브 세이비어,
줄여서 더블에스가 아니겠습니까? 그리고 더블에스는 현재 미국과 한국이 1,2위를 다투고 있는 라이벌 관계입니다.
유엘 개최 일주일 전 팬 서비스로 미국 더블에스팀이 일반 유저와 온라인 경기를 벌였는데요.

아, 글쎄! 한국의 무혈사신 선수가 혼자서 미국 팀을 전멸시켜 버린 것 아닙니까!!!
아이고 저런!
그래서 이번에 한국에 온 김에 선수고 아마추어 유저고 간에 계급장 떼고 한판 붙자라는 얘기가 나오게 되었고요.
무혈사신 선수는 프로게이머가 아닌 관계로 현장에는 출연하지 않는 조건으로 대결이 성립되었죠.
그리고 이 소문이 SNS를 타고 점점 퍼져서 지금과 같은 대형 소셜 이벤트를 탄생시키게 되었죠.
네, 무혈사신 선수의 입장도 존중해 줘야죠.
여보
그리고 지금 온라인 동영상 서비스를 통해 경기를 보시는 분들이 엄청나게 많아요.
잠깐만 곧 끝나.
이 경기를 지켜보시는 분들이 현재 170만! 한국뿐 아니라 세계의 170만 명이 이 경기를 지켜보고 있습니다!

네, 지금 화면에는 앞서 경기에 패배한 미국 선수들의 모습입니다.
네! 말씀드리는 순간! 두 선수! 전혀 예상하지 못한 곳에서 만났습니다!
네, 모두 무혈사신 단 한 명에 의해 꺾였습니다!
네, 케빈 선수 화염보라를 시전하고 있는데요! 데미지 240의 화염보라!
네! 무혈사신! 몸통 박치기로 기술을 끊어 버리는군요!
ㅈㅈㄱ
쾅!
역시 무혈사신이에요! 한 대도 안 맞았거든요!
아!!네 지금!!!!
스토커의 '성도들의 기도'가 다 채워져서!!
ttlite
of
Savior
ID:A
D:K   59

와
와
와
와
쏴
쏴
와
와
쏴
쏴
즈
즈즈
이 타이밍에 이 시점!
이건 게임이 아니라
예술이에요! 예술!
정말 신의 능력이!
와
와
와
이곳! 부산 벡스코의
더블에스 아레나에!!
임하셨습니다!!!!
전능자의 상태가
되었습니다!!!!!
와
와
kill!!
무혈
사신
무혈사신
와
와

네, 케빈 선수 열심히 도망을 가 보지만… 무혈사신!! 바람의 축복을 사용하면서 쫓아오는군요!!
아… 구속의 면류관! 이제 쐐기를 박는 건가요?!
와
와
와
와 와
한 방! 단 한 방만이 남았습니다!
와
와 와
케빈 선수! 아예 눈을 질끈 감아 버립니다!!!!
와
한 방! 단 한 방!!

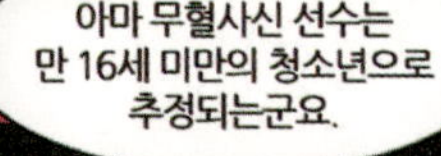

아…
뭐죠?
?
player)
checki
checkin
checking se
checking server……
checking server……
checking server……
아… 이게
어떻게 된 건가요?
Item   Stat
? ? ?
? ? ?
네, 방금 기술 지원 팀에서
쪽지를 주셨는데요.
?
KEITV459
Sattlit
of
Sav
No
Bleeding!
어… 음… 그러니까
접속 장애의 원인은,
크라운
네, 그러니까
음… 이게…
아마 무혈사신 선수는
만 16세 미만의 청소년으로
추정되는군요.
셧다운제로 인한 것으로
밝혀졌습니다.

네, 케빈 선수가 알 수 없는 웃음을 짓고 있네요.
네, 청소년 보호법 중 하나인 셧다운제, 셧다운제는 자라나는 청소년의 과도한 게임 몰입을 막기 위해 만들어진 법이죠?
네, 무혈사신 선수의 신상을 정확히 알 수는 없지만 현재로서는 만16세 미만의 청소년으로 추정됩니다.
정말 안타까운 상황입니다…
네, 아쉬운 마음을 뒤로하고 여기서 이만 중계를 마치겠습니다.
아이씨 진짜…
거기가 아니라고 하는데 그러네!!!!
……
Item
Stat

그래! 거기!!거기!!!
그렇지!!!!!
……
네, 황이라 씨
듣고 있어요.
저…
조 변호사님.

저, 이거 숙제…
응? 응?
숙제? 무슨?
죽어라!
변호사님이 제 월급 대신에
법무고시 과외해 주신다고
하셨잖아요!!!!
아, 내가?
아! 그래! 그래!
그랬지!

그래요, 아주 수고했어요.
꼼꼼하게 볼 테니 일 봐요.
……
……
시… 실례합니다.
?

저는…
정평중학교 2학년
바… 박상민…
네, 어떻게
오셨나요?
아, 네…
저기…
그런데요?
아, 학교에서 예술제 하는데,
선생님이 이거 돌리라고…
수… 수행평가…
아… 네…
아 씨, 난 또
의뢰인이라도
온 줄 알았네.
근데 여기 변호사
사무실인가요?
네, 맞아요.
옳지! 옳지!
그럼 저분이 변호사…
그… 그렇군요.
네… 맞아요.
왜요?
무슨 볼 일이라도?
아… 아뇨…

그럼,
아…안녕히.
네, 잘 가요.
이상한데?
정평중학교라면
여기서 꽤 먼 거린데?
정평중학교…
여기서 버스로 45분…
왜 이렇게
멀리까지…
!
벌
떡

황이라 씨,
외투 챙기세요.
아까 온 중딩
어디로 갔어요?
왜 갑자기…
그야 저도…
잠깐만요.
그거 제 외투랑
백이에요!
황이라 씨는 저 아래
슈퍼마켓 쪽으로 가 보세요.
척척척
아라 다
헉
헉
508
끼기익
척 척

학생입니다.
뻑
아저씨!
아저씨!
윙
기
콰 쾅

끼익
거참, 기다리다가
다음 버스 탈 것이지…
뚜벅
뚜벅

이여~~
쓰럭

이런 데서
만날 줄이야.
네?

키키키킥.
무… 무슨…

만나서 반가워,
무혈사신.
!

……
덜덜
덜덜

열쇠

그래서요?
그래서는 뭘 그래서요?

같은 길드원끼리 돕고 사는 거지 뭐.
……

자, 우선 따뜻한 유자차 한 잔 들지.
자, 마셔.
네, 감사합니다.

무혈사신!
네? 네…

야~ 이거 진짜 영광인데!!
아, 네, 하하… 네.

그래, 길드 게시판을 보고 왔다고?
그거… 도움… 도움을…
아! 물론! 도움 줘야지!

내가 그저께 경기 보고 있자니 정말 빡쳐서 말이야.
그래서 또 가만히 있을 수 있나?

근데 뭐 딱히 도와줄 수 있는 게 없잖아. 배운 게 도둑질이라고 혹시 도움이 될까 해서 쓴 글인데,

와~ 진짜 찾아올 줄이야… 하마터면 몰라볼 뻔했지 뭐야. 근데 목소리가 보이스채팅에서 듣던 그 목소리더라구.
……

그나저나 너 그때 진짜 완전 죽이더라. 니콜라스하고 붙을 때 말이야. 와~ 막판 5분 남겨 놓고 자원 다 썼을 때 있잖아!

우하하! 그거 어떻게 한거야?
어떻게 멀티 다 무시하고
본진까지 쳐들어간 거야?
저…저기
도움…
도움 주신다고…
아? 도움? 그래, 그래.
많이 속상했겠지.
뭐 근데 어쩌겠어?
쉐키. 너무 상심하지 말고…
게임 한 판 졌다고 세상 다 끝난 거 아니잖아.
너도 열심히 공부하면 이 형처럼 말이야.
'사'자 들어가는
좋은 직업…
어?
벌떡
안녕히 계세요.
어?
야, 뭐야, 너?

너 임마, 여기까지
찾아와 놓고서…
왜 갑자기
가려는 거야?
쩍
탁
……
……

저벅
저벅
저벅

······

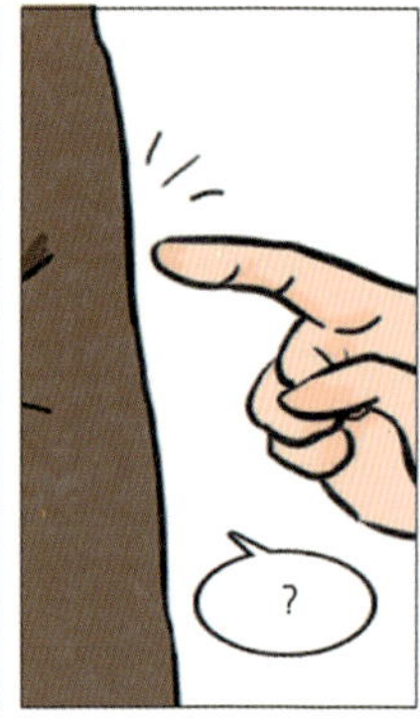

?

?
이거…

학생증
박상민
正平
정평중학교

그 아이 꽤 진지했다고요!
그러니까 내가 뭘 잘못했냐고?
그 태도가 문제죠.
아, 나도 진지했어요.

어휴, 무슨 변호사가 이래요?
?
왜? 이 정도면 훌륭한 변호사지.
이게 미쳤나?
X신 같은게 니가 게임 말고 할 줄 아는 게 뭐 있냐?
그게 그렇게 자존심 상하냐?
X만한 새끼가.
우리가 돈 달라는것도 아니고 킥킥…
아유, 요걸 어째? 킥킥킥.
야, 잘 들어 봐.

내 아이디로 접속해서 내 캐릭 레벨업 좀 해 주라 응? 킥킥킥킥
시… 싫어…
뭐?
내… 내가 왜 니들 캐릭 렙업 시켜 줘야 하는데? 시… 싫어…
아우… 요 오덕후 같은 새끼가…
요 X신 찐따 새끼를 확 그냥. 손가락을 분질러 버릴까 보다.
쓱
욱
상민아 여기서 뭐하냐?
으아아아아아~ 자… 잠시만!!

벼… 변호사님 여긴 어떻게…
형이라고 불러 임마.
아! 형! 형! 잠시만 내 귀!!!
어떻게 된 게 예전이나 지금이나 나쁜 짓은 항상 학교 체육관 뒤에서 하는 거냐?
……
…….

너 지갑 놔두고 갔길래. 어제 집에는 어떻게 갔냐?
아아!!! 형!!!
칠칠치 못하게 지갑이나 흘리고 다니고. 이 형이 갖다 주러 왔다.
어디서 눈 똑바로 치켜뜨고 있어? 눈 안 깔어?

일단 어디가서 얘기라도 하자.
어쭈? 너네 지금 나 내려깔아 보고 있니?
아… 아니요. 그게 아니고요…

으~~~~쌰!
좋다.
……
야, 이게 겨울 날씨야?
엄~청 따뜻하네.

……
호훗.
너 말이야.

너 그때 왜 그냥
가 버렸냐?
그렇게 멀리서
찾아왔으면서
……
……
임마, 원래 처음부터
본론 얘기 잘 안 하잖냐.
농담도 하면서
시작하는 거지.

아오, 진짜 짜증나게스리.
도와주고 싶어도 말을 읍!!
괜찮아.
우리가 널 꾸중하는 게 아니야.
아무 얘기라도 괜찮아. 그냥… 하고 싶은 얘기하면 돼.
…….
…….
게임에 졌을 때 기분이 어땠니?
나… 나는…
?
?
괜찮아.

나는 진 게 아니에요.
그냥 일방적으로
접속이 끊겨서 그렇지.

나 진짜 억울해.
찐따 새끼라고 놀림받고…
빵 셔틀에, 맨날 두들겨 맞고…

그래도 나 게임은
진짜 잘해요.
뻥 아니고, 진짜…
근데… 근데…
나 그 경기 잘하려고
진짜 진짜 진짜 진짜
열심히 준비했는데.

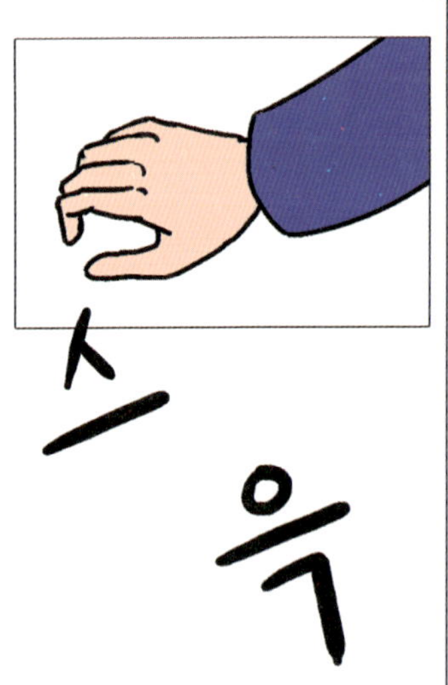

스
윽

우리도 알아.

…크흑…
으…
으흐… 흐흑…

흑흑…
……

젠장.

이러다가 제목을
'청소년 변호사 조들호'로
바꿔야겠구만.

근데 상민이가
잘할 수 있겠죠?
그래야죠.

미성년자니까
보호자 동의가 있어야
법적 활동을 하든가 하죠.

부모님 설득할 의지도
없는 놈이라면
아무것도 할 수 없지.
안 그래요?

그럼 일단 어떻게
하실 생각이세요?

우선 제일 처음엔 행정심판
청구를 생각해 봤는데…

아무래도 헌법소원 밖에는
없는 것 같아요.

헌법소원요?

응. 권리 구제형
헌법소원.
아무래도 이런 걸로
재판한 판례가 없으니까.

타박
타박
타박

잘 준비하면
유리하지 않을까
생각해요.

그러니까 황이라 씨는
일단 내일 부모님 오시는 대로
청구할 준비하고 오케이?

네.

삑
삑

뭐, 말 다 했어?
왜 좀 일찍 들어오면 안 돼요?!
내가 당신이랑 상민이 먹여 살리는 게 쉬워 보여?!
다 했다! 다 했어! 어쩔래?!!!!
무슨 접대를 부장이 일일이 챙기냔 말이에요!
당신이 뭘 안다고 그래?!
내가 모르는 건 또 뭔데?!
일단 내일까지 부모님 모시고 온다고 했으니까 두고 보자구.

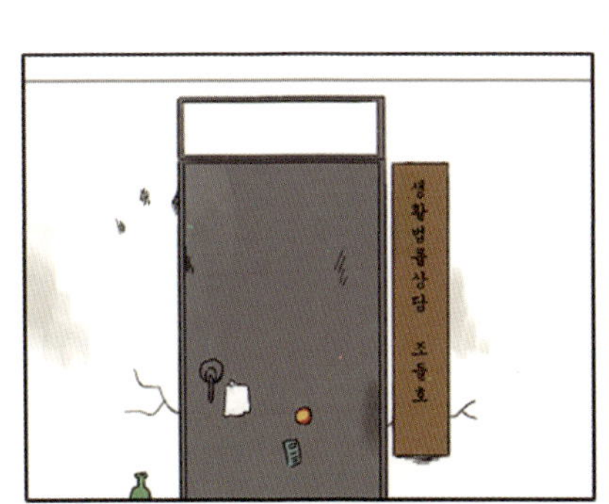

생활법률상담 조들호

…….

…….

황이라 씨.
네?

지금 상민이랑 부모님이 여기로 온다는데?
글쎄, 그건 아닌 것 같기도 하고…
와! 잘됐네요!
네? 무슨 말씀이신지…

하여튼 뭐…
아마 오늘 알게 될 거야.
근적
근적

내가 왜 넥타이 풀고 다니는지 말이지.
꽝
쿵 쿵 쿵
그래, 니가 조들호냐?!
이런 허가받은 도둑놈 같으니라구!!
아빠…
야, 이놈아!!
도대체 아들놈한테 뭐라고 지껄인 거야?!
……
……
떡
썩

상민이 아버님 되시죠?
안녕하세요.
일단 저기 앉아서
이야기하시지요.
아… 안녕하시오.
뭐… 흠… 흠.
그… 그럽시다.
케헴, 흠, 흠!!
……
……
황이라 씨
일 보세요.
봤지?
우리 아들이 어제 여기서
댁한테 무슨 이야기를 들었는지, 갑자기
헌법소원인가 뭔가를 한다고 하더군요.
……
일단 다 됐고요. 우선 그쪽한테
사과를 받아야겠어요.
보아하니 집에 애도 있을 양반이,
어린애를 꼬셔서 소송 같은 거나 하라고
부추기고 말이지…

우리 애는 뭐 그런 게임 대회 같은 거 나갈 애가 아니에요. 공부도 열심히 하고 집에서도 얼마나 얌전한 아이인데요.
애, 니가 무슨 죄지었니? 왜 고개를 똑바로 못 들어?
어허! 거참! 좀 가만 있어봐!
……
현재 미혼입니다.
아무튼!
너 이렇게 찌질한 놈인 거 부모님도 아시냐?
한심하다.
…네?
이봐, 당신! 입조심해!
너 말야… 부모님하고도 확실하게 얘기 못하는 주제에 나한테만 데려오면 일이 해결될 거라고 생각했냐?
너 아직도 화장실 가면 부모님이 뒤 닦아 주냐?
이봐! 입조심하라고 했지?!
이봐!! 당신!!!
닥치지 못해?!

우리 애가
어떤 앤 줄 알고!!
말 그따위로
계속할 거야?
이거 순 사기꾼
아냐?!
당신 진짜 변호사 맞아?!

좀 그만해!
쪽팔리게!

……
변호사님
말이 맞아.

나 대회 나간 것도 맞고,
먼저 부탁한 것도 맞아.

그리고 나 게임도
진짜 잘해.

엄마 아빠는
나를 너무 몰라.

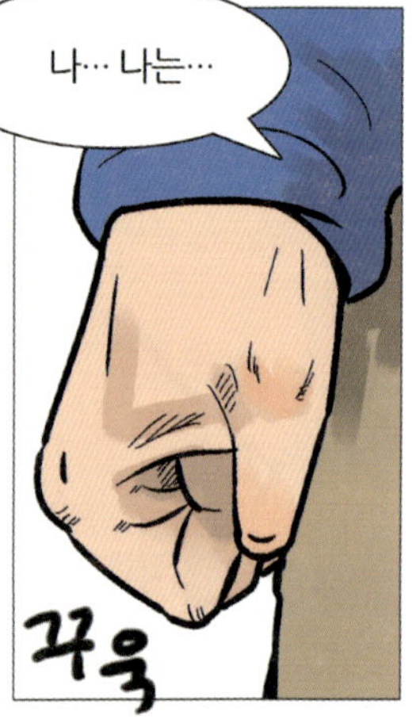

나… 나는…
꾸욱

얘! 너 어딜 가니?!
상민아!
상민아!

쾅!

……
……
고얀 놈의 자식. 부모님한테 말버릇하고는…
그, 아버님. 어머님.
일단 저에 대한 불필요한 오해는 풀린 것 같구요.
…죄송합니다.
…면목 없습니다.
상민이는 그쪽에서는 아주 유명합니다. 검색만 해 봐도 아실 겁니다.
셧다운제라고 아시나요? 그것만 아니면 분명히 우승했을 겁니다.
STALKER

그러니 상민이 부탁,
들어 주시지요.

그래도… 그런 무슨
헌법재판소라든지…
그게 가당키나 할까요?

?
재판에서 이기고 지는 건
중요한 게 아니라고 생각합니다.
?

앞으로 상민이가 어떻게
살아가느냐의 문제입니다.

부당하게 패배했어도…
애들 경기니깐 그냥 넘어가도
그만이라고 생각하시나요?

시험 성적에 상관없고,
앞으로 취업해서 살아가는 데
큰 문제 안 되니까 그냥 좋게좋게
넘어가라고 말씀하실 건가요?

......

죄송합니다.
제가 너무 주제넘게
나선 것 같네요.

하지만 잘
생각해 보십시오.
......
NAVER
무혈사신
통합검색
블로그
카페
지식iN
이미지
동영상
어학사전
뉴스
실시간검색
더보기
정렬
정확도순 최신순 오래된순
뉴스 1-2 / 2건
정확도순 최신순 오래된순
불운의 태제, '무혈사신'에 대하여.. 게이머즈 뉴스 12시간전
가장 위대하고 불행한 용 '무혈사신'에 대하여 주간 게임소식
다시 짚어보는 무혈사신과 케빈의 대결(4) 17뉴스데스크 17시간전

......
......

!!!
철커덩

아이고, 상민아!!

아이고, 이 녀석아 어딜 갔다가 이제서야 들어오는 거야?

손 부르튼 것 좀 봐! 이 추운데 어디 있다 온 거야?!

그래… 어서 와라.

어여 들어와, 밥 먹자.

털썩
?!!
?!

사… 상민아.
왜 그러니?
평생 게임만 하면서…그렇게 살겠다는 게 아니에요.
아까 거기서 버릇없이 군 거 죄송해요. 하지만… 저 진짜 진지하게 부탁드릴게요.

하지만 나름 최선을 다해서
준비한 건데 이렇게
말도 안 되는 이유로 져버리고 그냥
넘어가는 건 싫어요.
그러니까…
아버지, 어머니.
부탁드려요.
헌법소원… 그거
하게 해 주세요.

너 일 년에 이런 청구가 보통 몇 건 있는지 알아?
대략 2,500건.
그렇게나 많아요?
그… 글쎄요?
그리고 그중에 약 75%는 사전 심사에서 각하(却下)돼.
즉… 짤린다는 말이지.
하아… 75%… 역시… 안 되겠죠?
쾅
그래서!

이제 무혈사신은
가면을 벗는다!

무슨…
소린지…

헌법재판소 대법관의
평균 나이는 60세 전후.

60대 대법관, 75% 각하율,
일 년 이상 방치된 260건의 사건.
이게 뭘 뜻하는 줄 알아?

'코 묻은 애들 오락 게임은
그대로 파묻혀도 됩니다.'
라는 뜻이야.

애들 오락이 아니에요!
하지만 그들 눈에는 그냥 평범한 하나의 사건일 뿐이지. 이런 사건의 헌법소원은 사전 심사의 25% 안에도 들기 힘들어.
그래서 우린 더 강력하게 어필할 수 있는 무언가가 필요하고,
그것이 바로 너의 맨얼굴이란 말이야.
자… 이제 우리는 멀티를 하나 먼저 먹고 시작하는 거다.
!!!!
형, 왜 이렇게 얼굴 보기 힘들어? 잘 지냈어? 요즘 많이 바쁜가 봐?
뭐… 그냥.

에이~얼굴 보니까 요즘 일 잘되는 거 같은데? 수임료도 좀 짭짤하게 들어오지?
카드 빚이 구백이다, 임마.
애는 잘 크지? 이제 초등학교 들어갔나?
덕우야.
응? 왜?
무슨 관심도 없는 안부를 자꾸 묻니?
……
아이, 형 진짜!!!
야, 애교 떨지 마. 무섭다.
형, 나 궁금한 거 진짜 못 참는 거 알잖아.

진짜 무혈사신이 인터뷰 한다고?
형, 근데 진짜 이건 좀 확실하게 해야겠어. 이거 뻥치는 거면 나 진짜 쫓겨난다. 취재 스태프들 다섯 명 이상 동원해야 하는 거야.
COFFEE
형 말을 왜 그렇게 못믿고 그러니?
너 형 말 들어서 손해 본 적 있냐?
이 인간 진짜 인터뷰 다리 놓아 주려나 보네?!
뭐, 솔직히 손해 본 적은 없지.
그 대신 확실하게 1면으로 때리는 거 알지? 괜히 니들만 독점 인터뷰 하는 게 아니라고.
걱정 마셔!!!

안녕하세요.
올댓게이머즈
식구 여러분.
며칠 전 무혈사신과 케빈 선수의
더블에스 특별 경기를
기억하실 텐데요.
헌법재판소

오늘 무혈사신 선수가
헌법재판소를 통해,
?
여전히 인터넷 게임 커뮤니티상에서는
무혈사신의 패배에 관한
여러 의견들이 나오고 있습니다.
더블에스 아레나에!!
입하셨습니다!!!!
국가에 자신의 패배에 대한
보상을 청구하였습니다.

이 현장을 올댓게이머즈에서 독점으로 취재하였습니다.
여드름 가득한 앳된 얼굴의 중학교 2학년 박상민 군
헌법소원 청구서

하지만 이 소년에게는 또 다른 이름이 있습니다.
헌법소원 청구서
의 패배에 대해
년상을 원한다!

바로 더블에스에서 한국의 수호신이라고 불리는 무혈사신.
오늘 오후 2시 박상민 군은 변호사 조들호 씨를 통해 헌법소원 심판 청구서를 제출하였습니다.
무혈사신의 패배에 대해 적법한 보상을 원한다!
헌법소원 청구서
박상민 군은 더블에스 특별 경기에서 미국의 케빈 선수와 접전을 벌이던 중 밤 12시 셧다운제로 인해 접속이 끊기게 되어 경기에 패하게 되었습니다.
이것에 대한 항의와 게임 상금 5,000달러에 대한 보상을 위해 헌법소원 심판을 청구하게 되었다고 합니다.
헐… 얘가 무혈사신?
대박…
진짜 덕후같이 생겼다.

저로서는 매우 중요한 경기였구요.
이 게시물을 추천합니다 15032
잘못된 법 때문에 제 꿈이 꺾이는 것에 항의하기 위해 헌법소원을 청구하게 되었습니다.
이 게시물을 추천합니다 16901
어… 어떡하지? 지… 진짜 재판까지 와 버렸네…
헌마5327 박상민 군의 헌법소원 청구가 받아들여졌으므로,
개정중
모두 앉아주시기 바랍니다.
쿵
뭐… 뭐라는 거야?
심장 쿵쾅거리는 소리 때문에 하나도 안 들려.
쿵
쿵

……
스윽

얘, 너 괜찮니?

짝

???

조들호 변호사
무슨 일 있나요?

아닙니다.
신성한 법정에
웬 파리가…
!!!!!!!!!!!!!!

이제부터가
진짜 게임이라고.

야, 정신 안 차릴래?!

아시다시피
셧다운제는 청소년 보호를 위한
최소한의 조치입니다.

대한민국 미래의 주인공인
청소년을 무분별한
게임 중독으로부터
보호하고,

또한
청소년의 수면권을
보장하기 위한
필요 조치입니다.

조들호 변호사
발언해 주세요.

무엇보다 이 법은
제한이라고
할 수 없습니다.

단지 게임 중독 때문에
특정 연령층의 게임 시간을
제한한다는 것은 제한이 아닌
침해에 해당됩니다.

무엇보다 박상민 군에게
있어서 게임은 단순히
유희적인 것이 아닙니다.

특히 본 소를 제기하게 된 경기는 프로게이머를 꿈꾸는 박상민 군에게 매우 중요한 것이었습니다.

그러므로 청보법 26조는 그 실효성이 의심되는 법 조항이라고 주장하는 바입니다.

조들호 변호사께서는 뭘 잘못 알고 계신 것 같은데, 여기는 의뢰인의 억울함을 호소하는 곳이 아닙니다.
이 법률이 헌법에 위배되는 것인가 아닌가를 따지는 장소입니다.
옳은 말이군요.

사실 셧다운제의 위헌성은 뭐, 말할 필요가 없습니다. 명백한 자유권 침해입니다.
조들호 변호사께서 명백한 자유권 침해라고 말씀하셨는데,

게임의 과몰입으로
인한 사회적 문제가
증가하는 것은 심각한
현상입니다.
이러한 사회적 악영향을
막기 위해서라도 꼭 필요한
법률입니다.
아니죠,
아니죠.
서면변론에
제출한 근거 자료의
논문을 읽어 보겠습니다.
'청소년 게임 중독은
사회적 영향의 반영이다. 왕따,
학교 폭력, 가정 불화에 노출된 학생들은
게임이라는 가상현실로 도피한다.'
즉, 게임 중독이 사회적 문제를
일으키는 것이 아니라
사회적 문제가 청소년들을
게임 중독이 되도록 하는
것입니다.
그 말도
틀린 것은 아니지만
게임 중독이 2차적인
폐해를 낳는 것을
모르십니까?

그렇기 때문에 늦은 시간 게임을 금지하고 건전한 방향으로 선도하는 것 아닙니까?
아니, 그러면 선도나 할 것이지 왜 애꿎은 게임을 금지시킵니까?
그거야 게임이 부정적인 측면이 있지 않습니까?

부정적인 측면요? 그럼 당장 고스톱부터 금지 시켜야겠군요.

명절날 각 가정에서 그리고 상가집에서 사행성 오락이 버젓이 이루어지고 있는 걸 모르십니까? 고스톱 셧다운제도 만드셔야죠.
풉!
기창...

그럼 여기 박상민 군에게 물어보면 되겠군요.
박상민 군의 생활이 건강한지 아닌지 말이죠.

…….
변호사님.
변호사님 이… 이게…

주무관께서는 무리한 부탁을 하신 것 같군요.

박상민 군의 개인적인 생활을 이 자리에서 언급하는 것은 좀…
아닙니다!
저 역시 동의하는 바입니다.
예?!

박상민 군은 가장 전형적인 15세 청소년입니다. 실제로 게임을 즐기고 있고요.
아… 아니…

박상민 군의 이야기를 직접 들어 보는 것이 재판관님들께서 판결을 내리시는 데 도움이 될 것입니다.

잠시만 기다려 주시지요.
변호사님 저희는 그냥 참석만 하는 거라고 하셨잖아요.
변호사님.
수근
수근

척

잘됐어. 이렇게 서로 말꼬리 잡고 늘어지느니 당사자인 네 이야기를 하는 게 확실하게 쐐기를 박을 수 있을 거야.

제가 무슨 이야기를 해요. 뭘 물어볼 지도 모르는데…

분명히 어려운 건 안 물어볼 거야. 니가 게임을 대하는 마음, 친구 관계 그런 것들을 그냥 솔직하게 말하면 돼.

제가 어떻게 이런 자리에서
이야기를 해요, 전 못해요.

게임이랑 똑같아. 방어를 하면서
유리한 페이스를 지키는 거야.

…….

네가 누구냐?
네 이름을 말해봐.

바… 박상민요.
정평중학교 2학년…

아니, 너는…

무혈사신.

포기를 모르는
승부사지.

기다리게 해서
죄송합니다.

에… 조금 이례적이지만
청구인과 피청구인 모두가
동의를 하신다면….

변호사님,
그래서요?

이어아머어
이아이아에오
(이것만 먹고
이야기할 게요.)

그래서
뭘 물어봤어요?

그게 말이 돼?
중학생에게 참고 증언을
요청한다는 게…

변호사님!!

지금 생각해도
진짜 열 받네.

알았어요. 알았어.
그러니까…

하루에요?
한… 3시간 정도…?

박상민 군은 보통 하루에
몇 시간 정도 게임을 하나요?

엄마, 죄송…
그렇다면 학업에 큰 영향을 주겠군요.
어… 반에서 대강 10등 정도 하는데요?
우리 아들이 엄마를 닮아서 머리는 정말 좋아요.
헤에~그 숫기 없던 애가 그렇게 술술 말을 했단 말이에요?
그렇죠. 그리고 그 외의 질문들도.
정확하게 프로게이머가 어떤 직업인가요?
박상민 군은 왜 프로게이머가 되려고 결심을 한 거죠?
어른들이 게임 걱정하는 것에 대해서 어떻게 생각하시나요?

그리고 마지막으로 말씀드리면… 솔직히 게임하는 것 걱정하는 만큼 우리들 친구 문제, 앞으로의 꿈 문제도 걱정해 주셨으면 해요.
정말 막힘없이 당당하게 이야기했죠.
박상민 군은 그날 경기에서 패배했을 때 어떤 기분이 들었습니까?
…엄청 분하고 또 화가 났어요.
왜요? 단지 게임일 뿐인데.
하지만 경기였잖아요! 사람들이 지켜보는.
그래요? 박상민 군에게 그 게임은 어떤 의미이기에 시합까지 나간 거죠?
힐끔

저는 사실 잘하는 게 없어요. 공부도 엄마 아빠가 제 성적 때문에라도 싸우지 않았으면 하는 마음에서 하는 것이고…
운동도 못하고… 다른 것도 그다지… 하지만 게임은 달라요.
무혈사신 재판 결과 떴다!!! http://atga qr.ak/article/1211188883333
생각
0 5
제가 실제로 잘하고, 하면서 재미도 느끼고요.
미투
이 글에 응답한다면 미투!
3시간전
또 많은 사람들이 칭찬을 해주니까요.
이렇게 열심히 하고 또 보람을 느낀 적도 없었어요.
…….
하지만 결국 패소했잖아요!
황이라 씨, 승소하건 패소하건 그건 중요한 게 아니야.
네?

변호사의 역할은 무엇일까?
그야 당연히 정의를 실현…
아니지, 변호사는 의뢰인의 부탁을 들어주는 직업이야.
?
분명히 재판은 패소했어. 하지만 그 재판으로 인해,
결국 의뢰인이 원하는 바를 이루었다면 그걸로 변호사의 역할은 다한 것이지.
상민 선수 입단 기자회

결국 해피엔딩으로 끝난 것 아닐까?
……

따르릉 따르릉

따르르르릉
따르르릉
변호사님 사무실에 전화 왔어요!
안 되는데…

오늘 사건 부탁하는 전화 오기로 했었는데…
따르릉 따르릉
따르릉 따르릉릉
어휴, 그러니까…

왜 열쇠를 잃어버려서 이 야단법석을 떠냐고요!
황이라 씨, 열쇠 아저씨 언제쯤 출발했대?
따르르르릉

모자보건법 14조

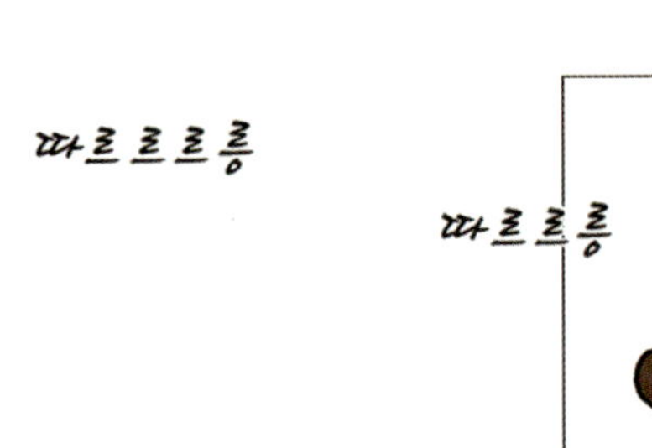
지금까지 걸려 온
전화는 총 2회!!!

따르르르릉

따르르릉

그리고 지금 걸려 온
전화는 세 번째!!!
우리나라 예의상
총 3회 전화를 걸고,
그 이후로는 한동안
걸지 않는다!!
여기 좀 이상하다…

아, 됐다.
세아리치킨!

하하,
이제 들어가실 수 있…

와다우!
하악 하악
쾅
네, 변호사 조들호입니다!
타악
아! 이 변호사! 응, 그래. 그러기로 했잖아.
아....그게...
출장비 만오천 원 되겠습니다.
뭐?! 야, 그걸 지금!!!!
저기 저분한테 받으셔야...
아......

그래, 그래…
어디라구?
알았어, 곧 갈게.
황이라 씨, 지금
같이 나갑시다.
네?
어디를…
빨리요.
한시가 급해요.
……
……
얼마라고
하셨죠?
네, 만오천 원
입니다.

빨리! 빨리!
다다 다닥

민사법정 203호가 어디야?!
흑
다 다닥

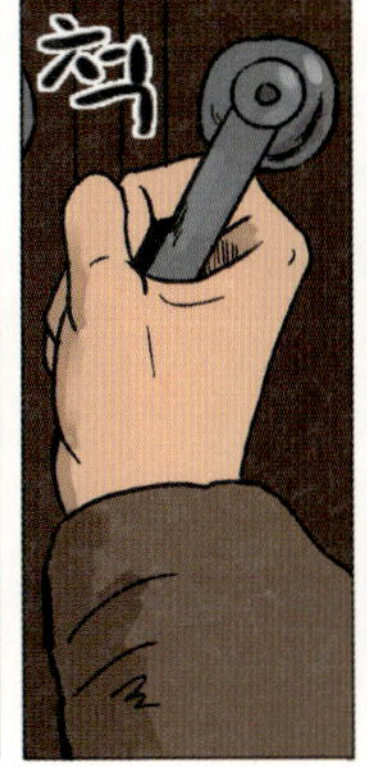

척

원고 이호음 씨 출석하셨고요.
끼익

유판진 씨의 변호인은 아직 안 오셨나요?
피고 유판진 씨 출석하셨군요.

늦어서 죄송합니다.
……
아, 피고인 변호사 출석했습니다!
죄송합니다. 많이 기다리셨죠?
……
……
……
!!!!!!
에헴, 흠흠흠…

자, 그럼
원고 측부터
발언하세요.

우선 원고 이호음 씨는
검사 당시 분명한 의사를
표현하였습니다.

하지만 검사 후 10주 뒤
타병원의 진단결과,
……

태아의 연골무형성증이
확실한 것으로 나타났습니다.

이에 원고는
명백한 피고의 부실진료로 인한
피해의 보상금을 청구하는 바입니다.
내가 그걸
알 턱이 없죠.
변호사님
이게 무슨 말이에요?
속닥 속닥

네, 그럼 피고… 응?
피고 측 변호사가
어제 바뀌었군요.

변론하시는 데
지장 없으시겠어요?
네, 재판장님.
괜찮습니다.

탁

이미 모든 것을 의뢰인과
함께 상의했습니다.
저기… 저는
오늘 처음 보는…

나는 절대 저런
변호사 안 돼야지…

그럼 피고 측
변론하시지요.
재판장님.

*변론 준비할 수 있는 시간을 좀 더 달라는 뜻.

그… 보다시피…
지금 의뢰인이
매우 풀이 죽어서…
그게 변론이랑
무슨 상관이에욧!

어찌되었건 상대 측 변호인도
동의해야 되는 거 아시죠?

헤헤,
좀 봐주십쇼.
안 돼요!

우리는 시간이 돈이라는 거
모르세요? 이건 저희들만 아니라
의뢰인한테도 피해를
주는 거란 말이죠.

혹시 애초에 변론에
자신 없어서 시간 끄는 거
아니시죠? 민사재판은
피해 버리면 그만이라는 건가요?
……

잠시만
귀 좀.

야, 최루나!
뭘 그렇게 빡빡하게 굴어?
네에~?

조 선배, 여기 지금 법정이거든요! 지금 저한테 한번 봐달라고 하시는 건가요?
아니, 아니… 그게 아니라, 걱정이 돼서 그러지.

최 변호사 요즘 힘들다는 소리를 들어서. 2연패라면서?
아니, 그건 또 어떻게…

에이~서초동 바닥에 비밀이 어디 있나? 게다가 법무법인 '큰산'은 나름대로 인연도 있고 말이지.

뭐 다른 게 아니라, 그저 요즘 잘 추스리고 있는지 궁금하기도 해서 말이야.
고작 2연패 했다고 낙심하면 안 돼. 나도 다 그렇게 빡빡 기면서 시작한 건데 뭐. 처음부터 잘하는 놈 있으면 나와 보라고 그래. 그런 것 때문에 너무 긴장하지 말라구. 아… 혹시 그래서 변론기일 연장 못해 주겠다는 거야?
설마 3연패 할까 봐 쫄아서 그런 건 아니겠지?
활
활

저 역시 동의합니다!
좋습니다. 그럼 일주일 드리지요.
그대신 다툴 것 확실하게 다투고 빨리빨리 끝내도록 해야 해요. 조들호 변호사, 아셨죠?
네.
확실하게 준비해서…
철저히 밟아드리죠!
근데 뭔가 속은 기분이…
휴우~
BGM- 이적 '다행이다'
한잔하시죠.
그게 저… 제가 진짜 갑자기 의뢰를 맡게 된 바람에…
네…
아니요, 전 괜찮습니다.

아, 내 정신 좀 봐.
변호사 조들호입니다.
아, 네…
저는…

…아,
의사 선생님이시군요.
산부인과.
네, 그렇네요.

자,
그럼 선생님.

무슨 일인지
말씀해 주시겠습니까?

네? 아까는
사건을 다 파악했다고?
하하…그때는 어쩔 수
없이 그렇게 말해야…
그렇군요.
그… 그럼…

좀 있으면 집사람이
올 테니 긴히 말하겠소.
?

무…무슨…
변호사 선생.
덥썩

?
내가 이번 재판에서
지도록 해 주시오.

…그러니까 일단 대강의 상황을 정리해 보도록 하죠.

이호음 씨가 임신 16주때 선생님의 병원에서 태아 검진을 받았고,
그때 제가 태아에 대해서 정상이라고 판단을 내렸죠.

그런데 10주 뒤 이호음 씨는 다른 병원에서 태아가 기형이라고 진단을 받았고요.
그렇군요.

그래서 피해보상금을 청구하는 민사소송을…
1억 3천.

푸읍
하아…

사실 1,2억이 문제가 아닙니다. 돈으로 해결할 수 있는 일이라면…
여보.

아, 안녕하세요.
변호사 조들호
입니다.
아…그때
이 변호사님이
새로 사건
맡을 거라고
하신…
혹시… 재판은
어떻게 되었나요?
네, 일단 연기를
시켰습니다.
우선 제가 선생님 병원에
한번 가야 할 것 같네요.
네, 그렇게 하세요.
우선 저도
준비를 좀 해야 하니…
세 시간 뒤에 선생님 병원에서
뵙는 걸로 할까요?
네, 괜찮아요.
그럼 명함에
나온 곳으로
가면 될까요?
네, 찾아오실 수
있겠어요?

여기서 좌회전 맞아?
근데 변호사님, 아까는 무슨 법전을 뒤지신 거예요?
어휴, 내비게이션 좀 다세요.
아, 그거?

황이라 씨, 지금 같은 상황이면 어떤 법을 봐야 할까요?
음…

의사의 진료 문제니까 의료법 맞죠?
그렇지. 하지만,

그 외에도 더 봐야 할 법들이 있어요.
그게 뭐죠?

일단은 의료법은 기본이고, 의료기기법, 의료기사법, 임산부에 관한 것이니 모자건강법, 혹시나 모르니 민사소송법 등등.
그렇게나 많이요?

원래 법률 사건이란 게 그래.
A를 위해선 A법만 보면 될 것 같지만
그렇지 않아요.
지금 같은 경우엔 겉으로 드러난 문제는
단순히 진료에 관한 것 같지만,
파고들면 그게 아닐 수도 있거든.
아…

겉으로 드러난
사건보다는,
속에 감추어진 사건의 뿌리까지
볼 수 있는 사람.
그런 사람이
진짜 변호사죠.

아유, 변호사님
어서 오세요.
①진 산부인과
분만. 산모 및 태아 진단
tel.051-802-xxxx
안녕하세요, 사모님.

여보, 변호사님
오셨어요.
어, 잠시만
기다리시라고 전해 줘.

오늘 충격이 크신 것 같던데 진료하시는 걸 보니 다행입니다.
에휴…그래도 의사질이 천직인 양반인지라 일단 예약 환자까지는 받기로 했거든요.
…까지는?
그것보다 저희 남편이 혹시 이상한 소리 안 하던가요?
아, 일단 앉으시죠.
내가 이번 재판에서 지도록 해 주시오.
…무슨 말씀이신지…
이 양반이 고소당하고 엄청 자책을 하는 거예요.
이게 다 자기 탓이라고… 자기가 오진을 한 탓이라고.

사실은 그렇지가 않거든요. 검사란 게 완벽한 것도 아니고.
완벽하지 않다니요?
산모 컨디션도 큰 영향을 미치고요. 그래서 원래 산모들은 2주에 한 번씩은 병원을 가는 게 보통이죠.
…그렇군요.

그래서 그때 주기적으로 검사 받으라고 그렇게 말했는데…
……

제일 처음엔 보상금 다 물어주고 병원이고 나발이고 싹 다 정리하자는데, 제가 그걸 말리느라 고생깨나 했어요.

이 양반이 요즘엔 수면제 없이 잠도 못 자고 환자들도 더 이상 받지 않겠다고 하지를 않나…

안 그래도 간호사도 못 구해서 제가 잔일을 다 하고 있는데 이 양반까지 정신을 못 차리니까…

어흠, 거 쓸데없는 소리를…
에구머니나.
변호사님, 일단 들어오시죠.
네, 알겠습니다.

원장실
원장실
일단 뭐… 힘내십쇼.

살면서 어떻게 좋은 날만 있겠습니까? 하하하.
…….

하지만… 다른 것도 아니고 제 오진으로 이런 일이…
?
정말 병원이고 뭐고 다 때려치우고 싶습니다.

자제분이신가요?
?
아, 네. 아들녀석은
지금 군대 가 있고요.
딸은 고3 올라가죠.

the
Q
아드님은
언제 제대합니까?
이번에 무슨 훈련하는데
사단장 표창 받았다고
포상 휴가 나온다고 하네요.
허허허.
그렇군요.
허허, 다음주에
상병 단다고 하더군요.

이제 곧 대학교
복학도 하고 그러겠군요.
따님도 이제 대학 들어갈
준비하셔야겠구요.
네, 빨리 나왔으면
좋겠어요.
…그렇…죠.

……
……

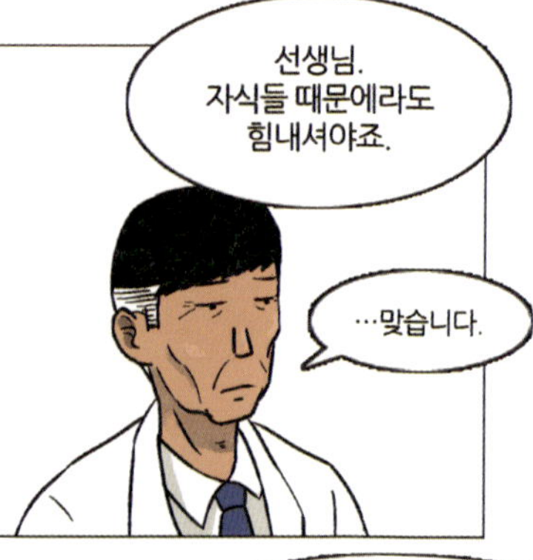
선생님.
자식들 때문에라도
힘내셔야죠.
…맞습니다.

아버지라는
존재는 말이죠.

힘들다는 말 같은 거
할 수도 없고, 해서도 안 되고
할 필요도 없는 거잖아요.

네…그렇지요. 근데
이게 보통 큰일입니까?

아니 왜 자꾸 자책을…
솔직히 선생님이 태아를 기형아로
바꾼 것도 아니잖습니까?
……

이호음 씨는 임신중절수술을 생각하고 있었습니다.
네?
낙태는 대한민국에서 엄연히 불법입니다. 이호음 씨가 뭘 잘못…
아니죠. 변호사님.

몇 가지 예외 상황이 있다는 걸 모르십니까?
기 억
예외 상황이라면… 설마…
네, 맞습니다.

모자보건법 14조 1항.
삭제합니다. 아니요
태아의 부모 중 한 명이 법으로 정하는 장애를 가졌을 때지요.

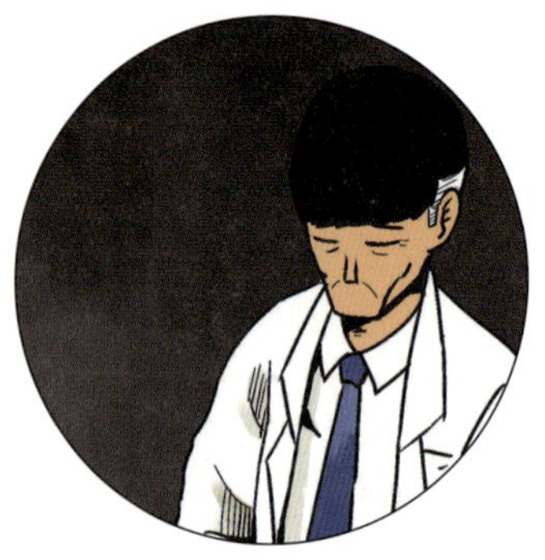

어떤 거 같으세요?
앞으로는 설탕을 좀 더 넣으세요.
황이라 씨, 5시 넘었으면 퇴근해야죠.
음…
아니요!! 커피 말고 사건!! 의뢰받은 거!
왜 자꾸 나까지 퇴근 못 하게 붙잡고 말이지…
그러니까 커피 타 드렸잖아요!!
내가 타 먹는 게 제일 맛있는데.
그래요. 뭐가 궁금해요?
제일 궁금한 건, 임신중절수술이 정말 합법적으로 되나요?
당연히 불법이죠.

하지만 몇 가지 예외가 있어요.
단! 24주! 24주 내에만 가능해요.
성폭행으로 인한 임신이거나,
아, 그럼 태아가 병에 걸리게 되면…
태아의 부모 중 한 명이 법으로 정하는 유전적 질환을 가진 경우에 말이죠.
아니지. 아니지.
현재 법으로는 태아의 질병과 상관없이 부모의 장애 여부에 따라 낙태, 즉 임신중절수술이 가능하다구.
아니 무슨 법이…
법이란 게 원래 그래요.

175

조심
조심

......

어머?
어? 어?

어? 어?

즈르극

꺄악!!!!!

……
……?
헉!
괜찮으신가요?
네? 네…
그럼…저기…
좀 일어날까요?
윽…
네?
아!! 네! 네!
아이고…
괘…
괜찮으신가요?

뭐 이 정도야…
저… 정말 감사드립니다.
톡톡
변호사님! 괜찮으신가요?!
변호사?

아! 그때 재판에서!

…….

여긴 웬일이시죠?

하하, 다름이 아니라, 뭐… 혹시 시간 되시면 이야기나 잠깐.
안녕하세요.

무슨 할 말이 있다고 그러세요?! 재판에서 할 이야기 다 했는데!!
움찔

그리고 할 얘기 있으면
여기서 간단하게 끝내요!
귀 염
효긴 넘흐 춥허영.
깝헤가튼데
들어가면 안델까형?
오
오들
귀 염

헌니~이~
넘흐츠벙
조… 좋아요.

저기… 앞에 까페 있으니까 따라오세요.

20대 후반 여성들이란…
……

그래요, 무슨 말을 하시게요?
네, 뭐… 하하.

그나저나 어디 나가시던 길이셨나 봐요?

전에 고객 상담 센터에서 일했는데, 임신한 다음 그만뒀어요. 뭐, 짤린 거나 다름없지만.

그래서 고용노동청에 가서 뭐 좀 알아보려고요.
그렇군요…

혼자서 많이 힘드시죠?
!!!

뭐야, 당신?

나 혼자 사는 건 어떻게 알았어?
그리고 그 시간쯤에 집에서 나온다는 건 어떻게 알았고?
도대체 어디까지 뒷조사한 거야?

혹시 심부름센터 이런 데서…
아니요, 아니요. 이호음 씨, 절대 아닙니다!

여기가 원래 고시촌이잖아요. 보통 이런 데서는 다들 혼자 사니까요.
…….
그리고 가족이 있다면 최소한 문 앞까지는 배웅을 했겠죠, 이런 날씨에 임신부를 혼자 내보내지는 않죠.
그리고 저희들 이호음 씨 기다린다고 밖에서 몇 시간 동안 서 있었습니다.
…….
그래요, 이호음 씨. 바쁘시다니 단도직입적으로 말할게요.
돈 이야기입니다.
합의 보시죠. 5천만 원에.
…입 닥자는 건가요?
아니죠.

뭐… 법률 용어로는
'소송상 화해'라고 하는데.
민사재판이라는 게
굉장히 길어질 수
있어요.
형사재판과는 달리
큰 강제력이 없어서
5년이고 6년이고
될 수도 있습니다.
지금 저를 협박
하시는 건가요?
아니요.
기회를 드리는 거죠.
쭉쭉
……
……
……
?
더리리링

잠시 전화 좀
받고 올게요.
그러시죠.
....
빨리 내려 놓으세요!!
있어 봐요.
이것도 다…
뭐 하시는 거예요?!!
황이라 씨는
망이나 잘 봐요.
변론의 한 방법…
…옳거니!
변호사님!
네, 넵!

쌤 떴다!
슥 슥
슥
우다다다
이제 곧
오실 거예요.
네?
철컥
조 선배!!!!
힉!
씩
씩

여기 오기 전에
미리 연락을 드렸거든요.

도각
조 선배, 이런 식으로
플레이 하기에요?
또각

상대방 의뢰인과
몰래 만나는 게…
아, 저기 최 변호사.
일단 내 말을 좀…
쾍
켁!!!

변호사 윤리장전
위반인 거 모르세요?
저기, 최루나.
아니 최 변호사…

186

이것 봐요 최 변호사.
아니 소송상 화해에서 반드시 변호인을 대동해야 한다는 법 조항이 있나요?
물론! 의례적으로 변호인을 대동해서 조정을 하는 게 일반적이지만,
......
이호음 씨께서도 바쁘신 것 같은데, 꼭 그런 쓸데없는 형식을 갖추어야 할 필요는 없잖아요.
......
게다가 지금 이야기도 잘돼 가고 있는데 말이야.
......
원고의 변호사가 말이지… 도움은 못 줄 망정 이런 식으로 훼방을…
케헥!
확
어쩌고 어째?

이게 끝까지 잘했다고!!
그래서 쥐새끼처럼 이렇게 몰래 합의 보려는 게 잘한 일이야?
아니, 뭐… 잘한 일은 아니지만…

그렇다고 꼭 잘못된 일은 아니잖아?
으이구… 나 같으면 그냥 가만히 있겠다.

뭐요?!!!
앗! 재판장님! 여긴 웬일로!!!

어머, 재판장님. 이건 그냥 저희들끼리 장난…
아니 잠깐, 재판장님이 뜬금없이 왜 여길…
냐하하

??

휴웅~
…….
바… 방금 전에
나가셨는데요…
…….
어휴…
진짜 최루나…
학부 때부터 저 성질머리
못 고쳐 가지고…
그나저나 저희들
어디로 가는 거예요?
일단 만나러 가야지.
샤
샥
누굴요?

글쎄…
누굴 만날지는
모르겠지만,

어디에서 만날 수 있는지는
알 것 같군요.

이호음 씨의
전 직장으로 가 봅시다.

삑
안녕하세요.

안녕하세요
삑

뚝 뚝
네.

무슨 일… 엥?
아저씨.
웬 꼬마가…
무슨 일이니?
저기요.
이거 우리 엄마가 아빠 갖다 주라고 해서요. 에헤헤헤.
어이구 착해라~ 그래, 아빠 성함이?
방
굿
김, 주 자, 억 자 쓰세요.
그래, 몇 층에 계시니?
응? 여기는 동신빌딩인데? 잘못 찾아왔구나.
……
동막빌딩 5층에요.
척 척
살금 살금
네? 그럼 동막 빌딩은 어디 있어요?

문이 열립니다.
죽섬
죽섬
아, 동막빌딩은
말이지…

……
저기, 뭐 좀 물어봅시다.
라미스터 소프트 인사과가
몇 층입니까?
9층…
아, 고맙소.
미친 놈이다…

…….
…….

9층입니다.
드르릉

일단 무작정
올라왔는데…
흑다닥

이제는 뭘 어떻게
해야 할지…
두리번
두리번

응?!

······
오늘의 사원
장애를 극복한 게임 기획자!
라미스터 소프트 임부연 실장
게임이수
괴물신인 박상민!

장애를 극복한 게임 기획자!
라미스터 소프트 임부연 실장
취재-김형남 기자(올댓게이머즈)

"처음엔 다들 어안이 벙벙했을꺼에요. 사실
맞는 말이잖아요?"
취재차 처음 들어간 라미스터 소프트의 사무실. 한쪽에서
열띤 토론이 벌어지고 있다. 이곳에선 '임표'라고 불리는
천재 게임 기획자를 만날수 있다. 하지만 1미터를 넘길까
말까한 그의 키를 보는 순간 과연 이 작은 체구에서 어떻게
그러한 열정과 카리스마가 뿜어져 나올까 하는 생각이 든다.
-임부연 실장

빙고!

9F 인사팀 재정결산팀
8F 기획팀
7F 전산팀
6F 마케팅 및 고객상담팀
5F 컨셉 회의실
4F 전산실
2F 컨벤션룸
1F 안내데스크

꽝

다다다다다다다

그래,
그런 거였어…

똑똑
실장님, 저기…
죄송합니다.
자꾸 누가 실장님을
좀 봐야겠다고 해서.
네.
기자들인가요?

아니요, 저기…
그게…
무슨‥
변호사라고…
네?

스윽

변호사님이라고
하셨죠?

유저들이 무슨
집단소송이라도 냈나요?

아!!
반갑습니다.
변호사
조들호라고 합니다.
네, 용건이 뭐죠?
네, 저기…
여기서는 좀 그렇고요.
?

……
……

다 제 잘못입니다.

전 몸뚱아리도 정신도 병신인가 봐요.
그럼 이호음 씨의 임신 사실을 모르고 계셨군요.
아, 저기… 그렇게까지는…
네, 당연히 몰랐죠.

그렇군요.

응?
후룩

……

저기…
실례가 안 된다면…
?

두 분이 어떻게
헤어지게 되었는지
말씀해 주실 수 있나요?

……

네.
그러니까 말이죠.

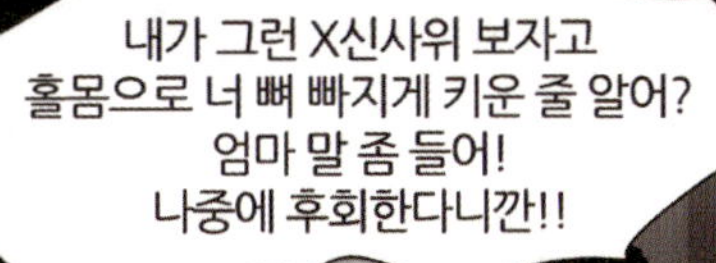

내가 그런 X신사위 보자고
홀몸으로 너 뼈 빠지게 키운 줄 알어?
엄마 말 좀 들어!
나중에 후회한다니깐!!
아이 참, 엄마…
양쪽 부모님들이
엄청나게 반대하셨어요.

다시 한번 생각해 볼 수
없겠니? 너 정도 위치에
그런 여자와 결혼이라니…
…애초에 동거 같은 건
하지 말걸 그랬어요.

나 원참, 기껏
유학 보내고 했더니만…

미안 오빠
잠시 시간을
가지자
그때는 우리가 대단한 사랑을
하고 있었다고 착각했나 봐요.

얘기도 잘 통하고, 있으면 편하고.
무엇보다 서로의 처지를 잘 이해해 준다고 생각했었는데.
…하여튼 이런 이야기예요.
무슨 삼류만화 같은 이야기죠?
저기… 호음이는… 잘 지내나요? 건강하고요?
아니요! 그렇게 생각하지 않습니다!
네, 잘 지내시더군요. 건강하시고요.

그럼 호음이 주소…
아니 전화번호라도…
안 됩니다.

네?
좀 민감한 부분이기 때문입니다.
제가 이런 거 알려드렸다간
낭패 보는 수도 있거든요.

아니 이봐요,
나도 이 정도까지
이야기해 줬으면…
월요일
오후 2시입니다.
이호음 씨를 만나시려면
월요일 오후 2시 재판에
방청 오시면 됩니다.

정말 죄송하지만
이런 말씀밖에는 드릴 수가
없군요.

후아, 힘들다.
황이라 씨,
퇴근하세요.
털썩

?
아, 고마워요.
오늘 고생 많았고,
잘 들어가…
샤샥
후룩

……
설마…

커피를 줬으니
질문을 하겠소
변호사님
질문 있는데요.

황이라 씨!
퇴근 안 해요?!!
퇴근! 앙?
커피
타 드렸잖아요.

+ = 질문
…질문이 뭐예요?

오늘 임부연 씨 만나서
성과가 좀 있었나요?

전 그냥 가슴 아픈
사랑 이야기구나…
하고 생각했는데.

음…

일단 의자 가지고 와서 앉아 봐요.
네.

그래요, 성과가 있었어요.
어떤 성과요?
우선 이호음 씨 태아의 아버지가 연골무형성증 환자란 건 알았어요. 이게 가장 중요하죠.

사실 법적으로는 태아의 질병 여부는 상관이 없어요.
낙태를 하려면 말이에요.
……
아이의 부모가 연골무형성증이냐 아니냐가 중요할 뿐이죠.

유판진 씨가 진단을 잘못 내린 건 맞아요. 하지만 그것이 낙태를 못하게 한 근본적인 이유는 아니죠.

이호음 씨가 정말 아이를 낙태하려 했다면 충분히 할 수 있었습니다. 아버지의 상태를 알고 있었기 때문이죠.
하지만 이호음 씨는 유판진 씨에게 검사를 받고 난 후 낙태를 포기했어요.
결국 최초의 불완전한 검사 결과만을 믿고 낙태를 포기한 이호음 씨의 결정이 문제였던 겁니다.

게다가 이호음 씨는 그 이후에 꾸준히 검사를 하지 않은 잘못도 있죠.

이게 제 변론의 핵심이에요. 꽤 설득력 있죠?

……

그렇게 되면…
정의가 실현되는 건가요?
응?

그럼 저희는
억울한 사람을
변호하고 있는 거 맞죠?

의사 선생님은
잘못이 없다고
밝혀지는 거죠?
저희는 옳은 일을 하고
있는 거 맞죠?
저기…
황이라 씨.

저희들은 정의의 편에
서 있는 거죠?

그… 그건…

……
정말로 알고 싶어요?
물론이죠.

좋아요, 그럼…
이 재판을 끝까지 지켜보세요.
?

어디 한번 보자구요.
정의란 놈이 어느 편에 붙어 먹었는지.

원고 이혜옥 씨 나오셨나요?
개정중
2호법정
그럼 피고 정하늘씨?
…안나오셨구요…

…*쌍불.

*원고 피고 쌍방 불참석

불출석하신 분들 덕분에 빨리빨리 진행이 됐군요.
중얼
중얼

마지막 사건이군요. 2012 다 XXXXXX 원고 이호음 씨?
피고 유판진 씨?
대리인 최루나 모두 참석했습니다.
대리인 조들호 모두 참석했습니다.

먼저, 조들호 변호사님, 변론문 어제 제출하셨죠?
원고 측 받아 보셨나요?
네, 받아 봤습니다.
네, 맞습니다.
이 사건은 사안으로 보나 이렇게까지 오래 끌 건 아니라고 생각합니다.
일단 재판 시작하기 전에 좀 말씀드릴 게 있는데요.
조들호 변호사님도 *복대리인으로 선임됐다 하셨더라도 기존 변론서 충분히 검토하셨겠죠?
하하… 네…
게다가 원고 측이 임신한 상태에서 이렇게 법정을 자주 들락거리는 것도 좀 아닌 것 같고,
*복대리인-기존 변호사 대신 중간에 새롭게 선임된 변호사

특히 유판진 씨, 더이상 합의를 한다 안 한다, 다 내 잘못이다, 변호인을 선임하겠다고 하시고 또 갑자기 안 한다고 하시다가 또 선임하시고, 이런 우유부단한 태도는 더 이상 안 됩니다.
…죄송합니다.
따라서 오늘 종결짓겠습니다. 더 이상 속행은 없습니다.
오늘 종결짓는 만큼,
변론갱신이나 하시고 싶은 말 원없이 들어 주겠습니다. 원고 측부터 말씀하세요.

개정중
2호법정
피고의 진료 과실이 원고의 의사결정에 큰 영향을 미친 것은,
아주 명백한 사실입니다.
피고 측은 변론갱신 하실 것 없습니까?
……
네, 재판장님 그런데,
우선 원고 측 변론에 질문이 있습니다.
방금 원고 측이 말씀하신 '의사결정'이라는 것은,
네, 질문하시죠.

정확히 '낙태'를 뜻하는 것인가요?

괜찮아요.

네, 법에서 허용하고 있는 '임신중절' 입니다.

원고는 비정규직이기 때문에 임신으로 인해서 직장을 그만두어야 했습니다.

이런 상황에서 이른바 '싱글맘'으로서 살아갈 원고로서는 임신중절수술을 생각하지 않을 수 없었습니다.

그러나 원고는 피고의 진료 과실로 인해서 임신중절수술의 법적 허용 기간인 24주를 넘기게 되어 버렸습니다.

그리고 지금도 임신한 몸을 이끌고 생계를 유지하기 위해 직장을 알아보러 다니고 있습니다.

이 모든 일이 피고의 진료 과실로 인해 일어난 일입니다.
아… 아니 나… 나는…

피고는 하실 말씀 있으면 변호인을 통해서 말씀하세요.
네, 재판장님.

애초부터 원고의 의사결정과 피고의 진료 과실은 무관하다고 생각합니다.

분명히 원고는 임신중절수술을 염두에 두고 병원을 찾았다고 말했습니다.
하지만 모자보건법에 따라 '낙태'를 결정하고 병원을 찾은 상황에서 태아의 진찰을 요청한 것 자체가 이미 원고의 의사결정이 명확하지 않다는 의미라고 생각됩니다.

?!
좀 더 정확하게
말씀해 주세요.

알겠습니다.

원고는 임신중절수술을
염두에 둔 것이 아닌,
태아 진단을 받으러
간 것입니다.

애초에 태아의 아버지가 누구인지,
또 그 상태가 어떠한지 명확하게 알고 있는
상황에서 모자보건법에 의해 임신중절수술을
결정하였다면, 굳이 태아의 상태가
어떤지 알 필요는 없습니다.
그리고 또 한 가지,
……

처음 진단을 받으러 갔을 때 원고가 태아 아버지의 상태와 그에 근거한 임신중절수술에 대해 언급을 했다면,
피고는 기존의 단순 태아 진단과 다른 각도와 목적으로 진단을 실시했을 것입니다.
母子保健法

마치 원고는 본인의 임신중절수술에 대한 권리를 피고가 제한한 것처럼 주장하고 있으나,
이것은 단순한 진료 과실일뿐 원고의 임신중절수술의 권리를 막은 것이 아니라는 점을 주장합니다.

……

재판장님.
예? 아… 네.

218

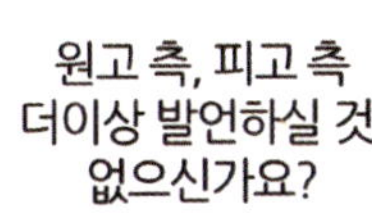

원고 측, 피고 측
더이상 발언하실 것
없으신가요?

네.

네.

좋습니다.
그럼 종결하겠습니다.

판결은 2주 뒤
오후 2시에 선고하겠습니다.

고용지원→

Reu
Ginh

1
1 2 3 4 5
6 7 8 9 10 11 12
13 14 15 16 17 18 19
20 21 22 23 24 25 26
27 28 29 30 31

사건 2012 카 00000.
뭐야! 말도 안 돼!!!
조용히 하세요!!
우당탕탕
원고 승.
다 죽여 버릴 거야! 이거 놔!!
여기 빨리 지원 요청해!
이호음 씨, 괜찮으세요?
......
다음 사건 2012 다 XXXXXX, 판결 내리겠습니다.
선고하겠습니다.
두근
두근
민사 2012 다 XXXXXXX.
두근

피고 유판진 승.

이호음 씨…
…네?

꼬옥

미안해요.

으… 흑…

여보.

오늘 수고했어요,
황이라씨.
변호사님도
수고하셨어요.

정말 다행이에요.
유판진 선생님이
큰돈 들일 뻔한 것도
막고,

마음의 죄책감도
덜어 드렸잖아요.

황이라 씨.
네?

아직도 변함이 없나요?
뭐가요?

우리가 정의의 편에
있다는 생각.
……

그럼 변호사님은
우리가 무슨 잘못이라도
했다는 말씀인가요?

……

저기…
!!

이게 다 너 때문이야!
이 새끼야!!!!
똑바로 봐요.

이호음 씨…
제발…
나 혼자 이 아이를
어떻게 키우라는 거야?!

나는 어떻게 하라고!!
나는!!
우리가 지킨 정의가 유판진 씨를
지켜 주었을지는 모르지만,

앞으로
힘겨운 삶을 살아 가야 할
이호음 씨를 위한 정의는
어디 있는 거죠?
나 혼자 어떻게 하라고!
……

승소한 자는
사죄하고 있고,
죄송합니다.
패소한 자는 모든 짐을
혼자 지게 되었군요.

이게 황이라 씨가 기대한
정의의 모습인가요?

아니…
저는…저는…

척

오늘 수고했어요.
일단 바로 퇴근하세요.
……
보신후 제자리에

보신후 제자리어
서진일보
3건의 살인 동일 살인범의 소행 추정
연쇄살인범의 활동 가능성?
오늘 신문
서울시, 연쇄살인마 활개
오늘은
아무 생각없이
푹 쉬세요.

국선변호사

잠시만요. 잠시만요.
지나갑시다. 좀.

찰칵 찰칵

찰칵

현장에 정현교 기자
나와 주시죠.

찰칵

악마 같은
새끼야!!
펙
아… 진짜…
XX새끼들이…
휙
꺄악!
야, 이 X새끼들아!
왜 먹을 걸 던지고
X랄이야?!
야!
꾹 누르고 있어!!!
최 경장! 안에 있는 애들
다 데리고 나와!!
한민기!
야, 저 새끼 잡아!
으아악!!
꾸욱

킥킥킥킥…
다 덤벼 봐,
덤벼 보라고.

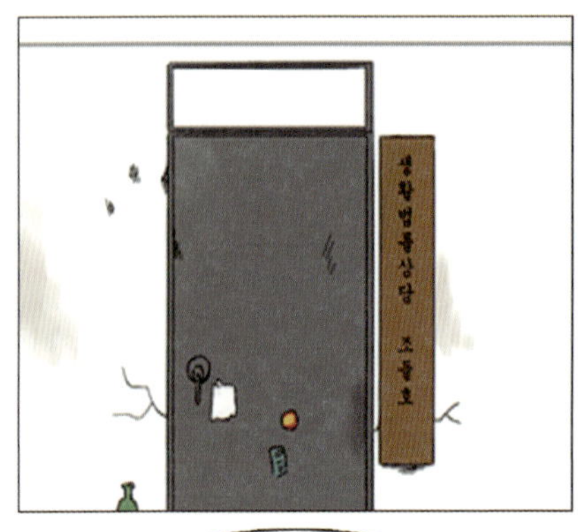

생활법률상담
조 동 호

응?
철컥

어라, 변호사님.
왜 이렇게 일찍 나오셨어요?
아, 어서 와요.

사람이 왔으면
얼굴이라도 좀
쳐다보지…
?!!

와, 진짜…변호사님.
어제 그거 보셨어요? 연쇄살인마.
여기 옆 동네에서 잡혔다고…
아, 진짜요?
어떤 사건인데요?
사건을 맡게 되었어요.
그 사람.

…….
네?
그러니까…
신문에 난 그 사람.

털 썩

스윽

연쇄살인범 한민기.

…국선변호인가요?
맞아요.

…아니, 잠깐만요.
국선변호는 전담 변호사도
따로 있는 걸로 아는데…
황이라 씨.

변호사는 저니까,

인턴이면 인턴답게
그냥 그런가 보다
하고 생각하면 안 될까요?
쩍

나 지금 의뢰인
만나러 가요.
……
뿌
육

황이라 씨는
바로 퇴근해도 돼요.
……

여기까지 따라왔으면서
뭐가 그렇게 불만이에요?
뚜벅
그런 살인마를
변호하신다는 게
너무 불쾌해요!
뚜벅

사람이 어떻게
그런 악랄한 짓을
저지를 수…
그러게요.

그쵸?
맞죠?

그래서 이제
물어보려고요…

도대체
왜 그랬는지.
어이~
형!!!

나야, 나!

어이쿠! 이게 누구야?
신 검사님!!
에~이, 검사는 무슨.
형 요즘 잘나간다면서?
무슨 소리야.
완전 쪽박차고 있다.
하하하하.
아니, 그런데 옆에 계신
분은 누구야?
안녕하세요.
네, 저는…
야, 오랜만에
만났는데,
아, 우리
사무실 인턴.
저기 뒤에 가서
자판기 커피나 한잔하자!
황이라 씨, 5분만.
하하하,
형 입맛 여전하네!
네…

235

내가 반가워서 아는 체
했을 리는 없고…
용건이 뭐야? 빨리 끝내.

꽝

…너 이 새끼…
니가 왜 여기 얼쩡거려…

아니, 변호사가
경찰서 들락날락
거리는 거야 당연 한거지.

꼬박꼬박
말대꾸하지 마!

이 새끼…소식 다 들었다.
우리 아버지를 그렇게
만들어 놓고 니가 잘 살 수
있을 줄 알았나?

이 배신자 새끼야.
그래 너도 결국엔 그런 꼬라지로
떨어질 줄 알았어.

무슨 마음으로
다시 변호사랍시고 설치는지
모르지만, 변두리에 사무실 하나
차려 놓는다고 나아질 것…

피
억

자꾸 케케묵은 일들
걸고 넘어지고 말야…
바빠 죽겠는데.
검사씩이나 돼서
자꾸 이러는 거 아니야.
툴 썩

그리고 말야… 신영교…
아니 신 검사님.
과거는 이제 그만 잊어버리지?
언제 어른 될래?

아…
그리고 여기 CCTV 하나
달아야겠다. 사각지대네.
조들호
너 이 새끼…

안녕하세요.
조들호 변호사님이시죠?
체포 구속되었을 때
당직 변호사가
도와드립니다.
네, 수고하십니다.
변호사님.
네.

조심하세요.
저놈 저거…
사람 아니에요.

……

변호사님.
끼익

……
안녕하세요,
한민기 씨.
변호를 맡게 된
조들호입니다.

11명 중에 9명 남성, 2명 여성 맞죠?
네.
그렇군요. 피해자 김동현 씨 말인데요. 여기 쓰여진 대로가 맞나요?
네.
골목까지 쫓아가서, 음… 특별한 저항이 없었다고요? 왜죠?
그야 당연하지.
처음 한 방에 모든 게 결정되거든.
난 프로니까. 실수는 없어.
그렇군요.

그런데 사용된 흉기가
일관되게 둔기예요.
이유가 있나요?

이유가 있죠.

칼은 말이야,
괜히 소리만 지르게 만든다고.
그런데…

이것저것 쓰다 보니
결국 망치만 한 게 없더라고.
소리 없이 처리하거든.

흠…그래요?

영화에서 보면
막 '억!'하고 소리 지르는 거.
그거 다 뻥이야.
한 방이면 돼.

끽 소리도 못하고
쓰러지는 거지.
그때부턴 그냥 고깃덩어리야.

…….

당신, 의외군.

?!

조서 쓸 때 형사들도
온 몸을 부르르 떨던데,

당신은 얼굴빛
하나 변하지 않다니.

그런가요?

일단 여기서 마치죠.

덜컹

?

변호사
접견실

아, 변호사님.

한민기란 사람 어떠…?

쿵!
?!

인간쓰레기…

그 이상도 그 이하도
아니에요.

흉기 챙겼냐?
네, 플라스틱병
챙겼습니다.
야, 그거 말고
가짜 망치 없어?

부장님이 이거
쓰라고 하셔서요.
에이… 현장 검증은
리얼리티가 생명인데.

야, 한민기
빨리 끌고 와라.

현장 검증 빨리하고
일찍 퇴근하자.
피의자

야, 근데
변호사 양반
어디 간 거야?
네, 그러니까
정신 감정 말이죠.
아, 저기
전화 받고 있네요.

네, 피해자 11명 중에 9명이
건장한 신체의 남성인데… 이거 좀
이상한 거 아닐까 싶어서요.

아이고,
여기서 또 보네.

저런 미친놈 변호한다고
똥줄 깨나 타시겠구만.

야! 말하는데
좀 들으라고!
네, 네,
그렇죠.
아이구, 검사님.
왜 자꾸 귀찮게 하세요?
일 좀 합시다. 일 좀.

그때는 우연히 마주쳤겠지
하는 생각을 했었지.
그런데,
니가 저 놈
변호 맡는 거라면서?

저 새끼 내가 기소한 거
알고 있지?
피의자

무슨 배짱으로
나서는 거야? 이게
승산이 있는 재판일 것
같아?

신영교 검사님.
승산이 있는 재판이라니?
헌법 12조 4항 몰라?

검사는 기소 가능한 사건만 맡겠지만,
변호사는 때로는 승소 불가능한 사건도
맡는답니다.

좋으시겠어요,
영감님은 맨날 이기는
싸움만 하시고…
……

야, 이놈아!
우리 아들 살려내라!!!

우리 아들
살려내라!
이놈아!!
어머님, 진정하세요.

경찰 아저씨,
지금 뭐 하는 거예요?

저 사람들 자꾸 나한테 엉겨붙잖아요. 저거 치워야죠.

이 새끼야…
김 형사님.
김 형사, 참아…

야! 저 사람이 니 손에 죽은 피해자 어머니야!!
이 살인자 새끼야! 너는 미안하지도 않냐!!
참아, 이러지 말고…
문호야! 문호야!!
어머니, 진정하세요.

양심의 가책이라는 게 없는 거냐고!!!!
니가 사람이냐고!!
뭐라고 하는 거야…
……
피의자
저녁 시켜 줄 거죠? 그때 그집 순댓국 맛있던데.

거기!
유족들 접근 못하게 해!
괜히 변호사한테
꼬투리 주지 말라고!!!

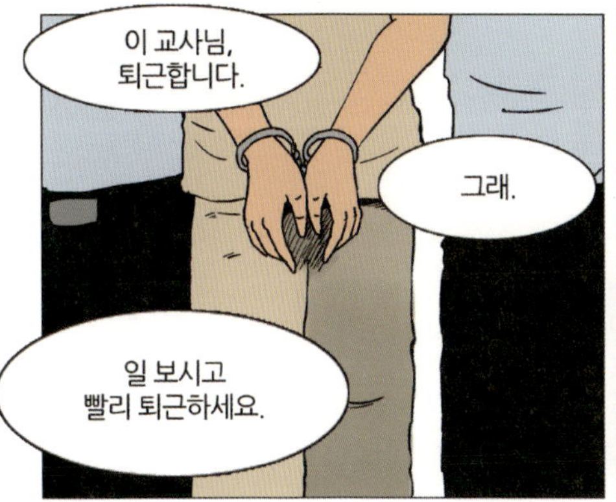

이 교사님,
퇴근합니다.
그래.
일 보시고
빨리 퇴근하세요.

조들호
변호사님이라고 하셨죠?
수고가 많으십니다.

어쩌다가
이런 인간 같지도
않은 놈의 변호를…
그러게요.

일단 인수인계하고
조사하셔야 하니까
조금만 기다리세요.
네, 뭐.
그러죠.

아, 황이라 씨. 저 화장실 좀 갔다올게요. 접견실 앞에서 기다려 주세요.
네.

저벅
저벅

저벅
저벅

저벅
저벅

?!

뭐야 임마,
빨리 걸어.
뭐야?
ㅃ박!
척!!!
너,
이 새끼!!!
쿠앙!
ㅍ덕
!

저벅
저벅

저벅
저벅

콰
콱

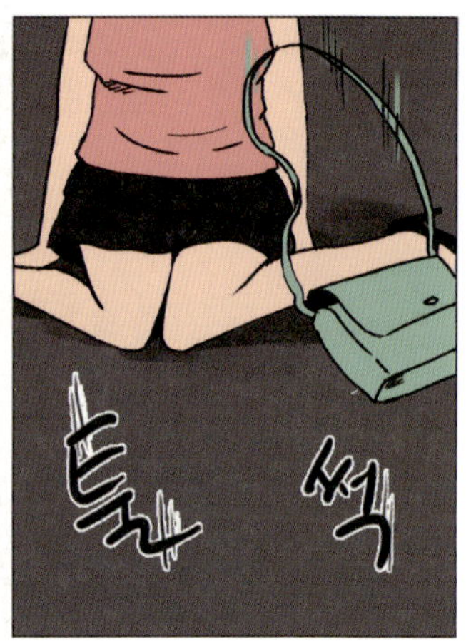
털썩
썩

헉

부들
부들

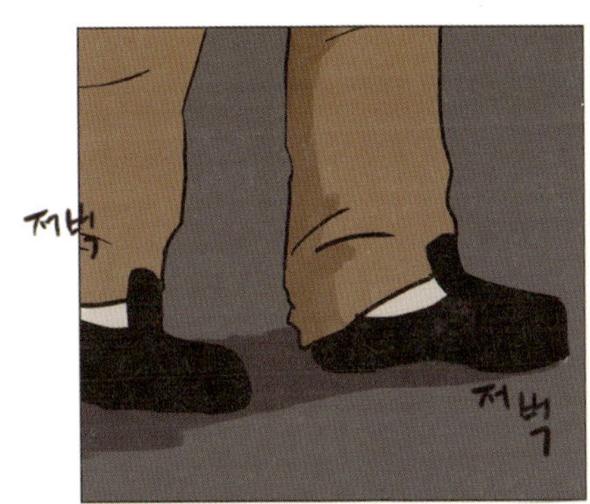

저벅
저벅

척

턴
썩

아니, 이게…

화… 황이라 씨…

황이라 씨!!!

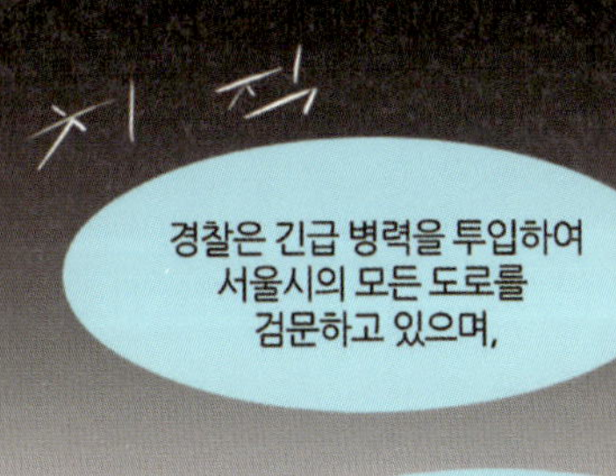
경찰은 긴급 병력을 투입하여
서울시의 모든 도로를
검문하고 있으며,
순찰을 한층 더 강화할 것이라고
발표했습니다.

다음 뉴스입니다.

젠장…

이봐요, 추워?
감기 걸린 거야?

히터 빠방하게 틀었는데.

아이, 사람이 말을 하는데…
안 추워요! 하나도 안 추워요!!
흑…
……
젠장할…
끼익
내려요.
……
야! 상황판 어떻게 된 거야?!
수사실
네, 수고하십니다. 여기는…
네, 교통계죠? 여기는…

반장님, 제보가 들어왔습니다!

녀석이 00동 공사 중인 건물 주위를 배회하는 걸 발견했답니다!!!

그럼 황이라 씨는?!
……
그… 그건… 모르겠는데요.

그… 그게… 그놈이 연쇄살인마지 않습니까? 그러니까…

아니에요.
아닙니다.
?!

……

황이라 씨는
살인의 대상이 아니에요.

……

!!!
척

휙

젠장…
털썩

……

…….

심심하니까 아무 말이나 좀 해 봐요.
네?

에이 씨… 진짜, 아무 말이나 좀 해 보라고.
마… 만화 좋아하세요? 전 웹툰 같은 것도 많이 보는데…

아, 아니면…게임 같은 거라도… 저 스마트폰 게임 되게 잘하거든요…
…….

저 같은 놈은 만화, 게임 같은 거 관심 없어요.
아…

…….
…….

저… 저기요.

이… 이제…
어떻게 하실 거예요?
피식
글쎄, 뭐…
둘 중 하나지.
죽거나 혹은 나쁘거나.
…….
바스락
짜… 짭샌가?
벌떡

여기 꼼짝 말고 있어요.
안 그러면… 확…
네!
…쥐새끼ㄴ가?
야! 꽉 잡아!
다리 누르라니까!!
눌러! 눌러!
큭 당 당
펑!
으악!

야, 이 X새끼들아!
가까이 오지 마!!

까딱하면
우리 다 X되는 거야!!!

캉!

휙

화악
야, 이 X새끼들아!
가까이 오지 마!!

슈 슈 슈

스스으

콰
아
ㅇ
뭐야?!!

잠깐! 잠깐!

안에 사람이 더 있어!
이 새X
뭐라는 거야?

안에 사람 한 명
더 있다고!!!!
그 아가씨?

야, 빨리 소방서 연락하고!
구급차도 같이 불러!

으이씨… 저런데
어떻게 들어가지.
그러게 말입니다.

야! 스톱!
스톱!
누구야?!
허락도 없이!!!
으아아…
다 다 다 다
쾅!
꺄악!
사… 살려 줘…
화르르르
반장님!
저기 옥상에!
응?

사…

살려 주세요!
아가씨! 난간에 기대면 안 돼!!

아가씨! 거기 공사 중인 건물이야! 난간에 기대지 마세요!!!

어?
우지끈

으아

악!!
으…윽…

소… 손이…

손이 끊어질 것
같아…

지지 지직
헉!!

안 돼…

사… 살려…

툭
악!

타
악

……

?!!!!

끄응…

황이라 씨,
소매. 소매…
……

덥
썩

오케이…

됐다.

친구들이
싸우길래 말렸는데,
선생님은 내 말을
안 믿어 줘.

내일 엄마
학교로 오래.

진짜?

그렇구나. 엄마 대신
아빠가 가서 얘기해 볼게.

와! 정말?
그런데 우리 선생님~
되게 무서운데.

변호사?
변호사가 뭔데?

괜찮아.
아빠가 변호사잖아.

응,
그건…

변호사가 뭐냐 하면…

변호사님!
변호사님!
황이라 씨?
켈록.
변호사님!!!
폴짝!

변호사님,
우에에에엥!!
어허, 거참!
떨어지세요!
우에엥,
변호사님!
아이구…
황이라 씨는
괜찮아요?
괜찮으세요?
변호사님,
괜찮으세요?
끄덕
끄덕
지금 몇 시죠?
그렇군요.
열 시요.
아침 열 시.
변호사님,
뭐 하세요?!

좀 더 쉬셔야죠.
누워 계셔야 해요.

어딜 가시게요?
?!

변론을 하려면 의뢰인을 만나야죠.
척

한민기 씨 만나러 갑니다.

변호사님, 안정을 취하시죠.
네, 변호사님.

변호사님!!
휘청

수고하십니다.
변호사님…

괜찮으세요?
네 뭐… 한민기 씨는 안에 있죠?

오신다고 연락은 받았는데… 잠시만요.
……

네, 들어가시면 됩니다.

……

변호사란
말이다…

아빠, 변호사가 뭔데?

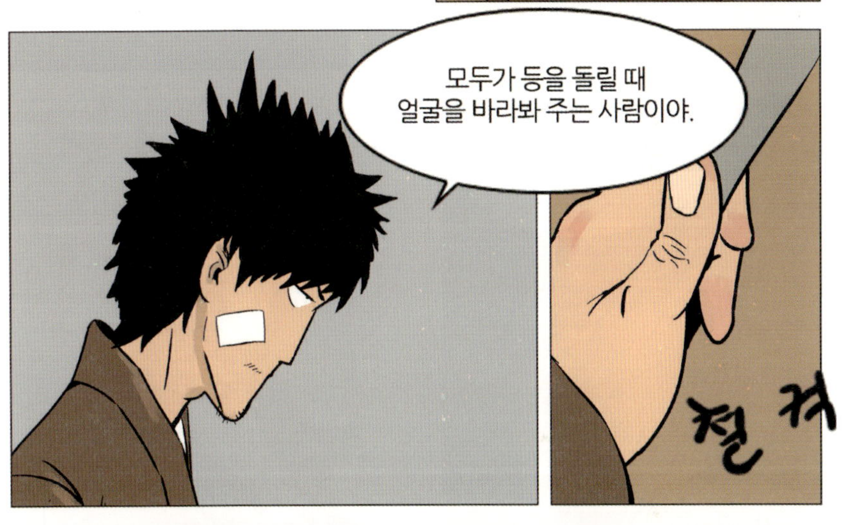

모두가 등을 돌릴 때
얼굴을 바라봐 주는 사람이야.

음…

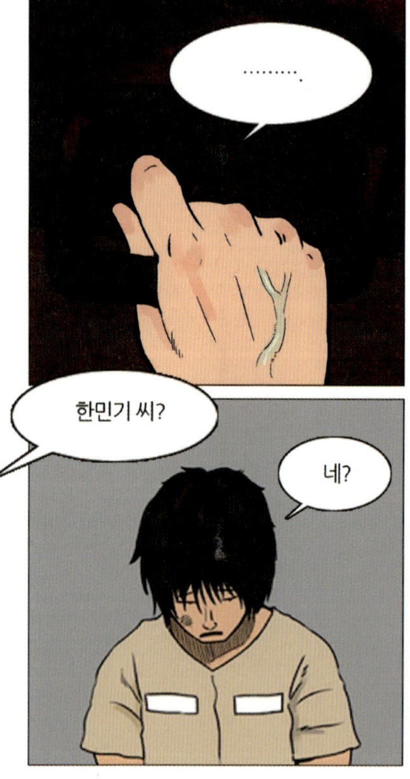

……….
한민기 씨?
네?

빠바빡

!!!!!!!!!!

씩 씩

…….

털썩

스윽

…….
…….

죄송합니다.

저기…
그 아가씨는요?
그… 그렇구나.
…….
다행히 무사해.

얼굴빛이 안 좋은데,
잠은 좀 잤어?
…….

그럼 잠 좀 자고,
오후에 다시 보자구.
척

그 아가씨는 다친 데 없이
잘 있으니까, 걱정 말고 푹 자 둬…
할 얘기가 많아.
…….

벌써 끝나셨어요?
아니요. 오후에 다시 올 겁니다.
다름이 아니라… 피고인 접견 마치고,

신영교 검사님이 잠시 좀 뵙고 싶다고 하셔서…
?!!

……

아이구, 신 검사님. 왜 자꾸 귀찮게 하시나요?
?!

왜 불렀어?
……
이제 어떻게 할 거야?
응?
그놈 범죄는 다 입증됐어.
게다가 도주에 인질극까지.
이건 안 봐도 비디오네.
법정 최고형이라고.
어쩔 건데?
……
뜬금없긴…
너, 지금 나
걱정 해주냐?
도대체 신 검사님이
나한테 왜 이러실까?
……

……
거래하자.

한 번 패소하는 게 이 바닥에서
얼마나 치명적인지 잘 알지?

잘 생각해 봐.
그놈이 사형당하면
너한테도 좋을 거 없잖아?

최악의 범죄자라고 해도
어차피 의뢰인을 형장으로
보낸 변호사가 되는 거야.
30년.

그걸로 하자.
현실적으로 딱 좋아.
그런 놈 변호를 맡아서 그 정도면
선방한 거라고. 웬만한 사람들은
다 인정해 줄 거야.

원하는 게 뭐야?

내가 가진 게 뭐 있다고?
나 이제 잃을 게 없는 놈이야.
뭘 털어 가려고?

사과해라.
우리
아버지에게.

그리고…
어르신께도.

녀석도 목숨 부지하고,
나도 선방하고,
너도 원하는 걸 얻고…
……
징역 30년이라…
뭐 나쁘지 않네.
모두가
행복하네.
영교야……
신 부장님이…
아니, 네 아버지가
왜 구속됐는지 아냐?
이 자식아!
꽉
너
때문이잖아.

니가 우리 아버지를 배신한 거잖아.

널 거두어 주신 분을…
심지어… 당신 아들인 나보다 더 믿어 주시던 분을 배신해?

꼴 좋다, 이 새끼야. 그 대가로 요모양 요꼬라지로 살고 있다니…
……
…말은 똑바로 해야지.

나를 거두어 준 건 지위와 돈이지.
신 부장님이 저지른 비리를 생각해 봐. 솔직히 너도 알고 있었잖아.
이런 식의 거래, 조금씩 시작되는 권력의 맛.
......
현직 검찰 간부가 구속되는 유례없는 사건을 보면서,
아니, 네 아버지를 보면서 아무것도 배운 게 없단 말이야?
언제 정신 차릴래?
......
제발
제발

잘 봐,
남성 피해자야.
……

그리고…
소 욱

여성 피해자.

……

변호인
접견실

자, 보라구.

……

…아놔, 진짜…

어이, 한민기.

뭐 어쩔
작정이야?

뭐라도 답을 해 줘야
내가 변호를 하…

휴…

어릴 적부터…
?

살고 싶은 마음,
이런 거 없었습니다.

얻어맞고,
쫓겨나고…
누구 하나
보살펴 주지 않는
인간.

부서질대로
부서져버린…
고장난 인간.

짐승이라고
부르고,
쓰레기라고
하더군요.

……
이런 얘기를 전에
해 본 적이 있니?
절레
절레

왜지?

……

이런 인간이
어떻게 살았는지 듣고 싶은
사람이 있겠어요?

……

스윽

?!

지… 지금
뭐하시는…?!

어, 저 양반이
지금 뭐 하는 거야!
잠시만…
잠시만 있어 봐.
척

있잖아…

재판이
시작되면,

내 자리는 니 맞은 편인
저기가 아니라…

바로 여기…
니 옆이야.

그러니까 들려줘.
……
너의 얘기를…

서울북부지방법원

개정중
3호법정
이상 11명의 무고한 사람을
아무런 이유 없이,

무자비하게 살해한
한민기 씨에 대해,
죄송합니다.

검사는…

사형을
구형합니다.

피고인 측은
혐의를 인정합니까?
하실 말씀
있으신가요?
네, 인정합니다.
네, 재판장님.

피고인의 심문을
요청합니다.

피고인은 증인석에
앉아 주세요.
저기...

……

……

피고인에게
묻겠습니다.
최종 학력이
어떻게 됩니까?

중학교
일 학년까지 다녔습니다.

중학교 일 학년이라…
어떻게 중학교까지만 학교를
다니게 된 거죠?
혹시, 그 무렵 부모님이나 집안에
안 좋은 일이 있었나요?
……

전 부모가
없습니다.

2권에서 계속됩니다.

동네변호사 조들호 1 특별판

글 / 그림 해츨링
이야기 도움 박진희 변호사 (법률사무소 소호)

초판 1쇄 인쇄 | 2016년 3월 18일   **초판 1쇄 발행 |** 2016년 3월 23일

발행인 | 박효상   **총괄이사 |** 이종선   **편집장 |** 김현   **기획 · 편집 |** 박혜민
디자인 책임 | 손정수   **마케팅 |** 이태호, 이전희   **디지털콘텐츠 |** 이지호   **관리 |** 김태옥

기획 재담북스   **본문편집** 임채진   **디자인** space M   **제작투자** 부천만화홀딩스
종이 | 월드페이퍼   **인쇄 · 제본 |** 현문자현

출판등록 | 제10-1835호   **발행처 |** 사람in   **주소 |** 121-839 서울시 마포구 양화로11길 14-10(서교동) 4F
전화 | 02) 338-3555(代)   **팩스 |** 02) 338-3545
E-mail | saramin@netsgo.com   **Homepage |** www.saramin.com

:: 책값은 뒤표지에 있습니다.
:: 파본은 바꾸어 드립니다.

ⓒ 해츨링/재담미디어 2016

ISBN   978-89-6049-579-1 17360
       978-89-6049-578-4(set)

사람이 중심이 되는 세상, 세상과 소통하는 책 **사람in**